La Es

del sig

Joseph Pérez

Colección: Biblioteca Básica
Serie: Historia

Diseño: Narcís Fernández

Edición gráfica y maquetación: Rosa Gallego

Coordinación científica: Joaquim Prats i Cuevas
(Catedrático de Instituto y
Profesor de Historia de la
Universidad de Barcelona)

© del texto, Joseph Pérez, 1991
© de la edición española, Grupo Anaya, S. A., 1991
    Juan Ignacio Luca de Tena, 15. 28027 Madrid

Primera edición, mayo 1991
Segunda edición, septiembre 1996
Tercera edición, noviembre 1998
Cuarta edición, abril 2001

I.S.B.N.: 84-207-4017-9
Depósito legal: M. 12.257-2001
Impreso en ANZOS, S. L.
La Zarzuela, 6. Polígono Industrial Cordel de la Carrera
Fuenlabrada (Madrid)
Impreso en España - Printed in Spain

Contenido

Aquella hora luminosa...

A fines de la pasada centuria, el escritor y político Joaquín Costa no escatimaba elogios para ensalzar el siglo XVI:

«Aquel siglo por excelencia español, en que nuestra nación cerraba con llave de oro las puertas de la Edad Media y abría la Moderna, siendo el gerente y portaestandarte de la civilización aria por todo el planeta, como en otras edades Grecia y Roma...»

Continuaba Costa celebrando aquella «generación de semi-dioses» que había permitido a España situarse a la cabeza de las naciones:

«Aquella hora luminosa de nuestra historia en que el cerebro español fue el cerebro de Europa.»

Por las mismas fechas, otros observadores matizaban aquellas alabanzas. Reconocían el poderío que alcanzó España entonces, pero añadían una serie de consideraciones críticas: la grandeza del Estado provocó la decadencia del pueblo; Carlos I y Felipe II lograron para España la hegemonía mundial pero descuidaron el bien de sus súbditos; asimismo pusieron el bienestar de Castilla al servicio de una política exterior que no siempre coincidía con los intereses nacionales.

Más recientemente, el historiador Claudio Sánchez Albornoz ha señalado que en aquella época fue cuando se fraguó lo que él denomina «el cortocircuito de la modernidad» en España.

Estas son las dos facetas contrapuestas de la España del siglo XVI, cuyos marcos cronológicos aparecen perfectamente delimitados: un primer momento que va desde la muerte de Isabel la Católica (1504) hasta la llegada de Carlos I a la Península (1517); el reinado de Carlos I (1517-1556); y, finalmente, el de su hijo y sucesor Felipe II (1556-1598).

La monarquía católica

La España de los Austrias no tiene unidad política. Constituye un conjunto de territorios (reinos, condados, principados, señoríos) en el cual cada componente conserva su fisonomía propia (instituciones, leyes, régimen fiscal, moneda, aduanas, lengua...). El soberano es al mismo tiempo rey de Castilla, de Aragón, de Valencia, conde de Barcelona, etc. Todos estos territorios han ido uniéndose por vía de sucesión: son bienes patrimoniales que el soberano recibe de sus padres y transmite a sus hijos y sucesores. En 1516, la monarquía comprende dos grandes espacios:

— la Corona de Castilla: reinos castellanos propiamente dichos (Castilla, León, Toledo, Murcia, Córdoba, Sevilla, Granada...), el reino de Navarra, las provincias vascongadas y las Indias (con dos virreinatos: Nueva España —México— y Perú, con sede en Lima);

— la Corona de Aragón: reinos de Aragón y Valencia, principado de Cataluña, más los territorios de Baleares, y el reino de Nápoles y Sicilia.

Fernando el Católico (1452-1516) casa en 1469 con la princesa Isabel, heredera de la Corona de Castilla. En 1479, a la muerte de su padre Juan II, es proclamado rey de Aragón. Las dos coronas de Castilla y Aragón siguen unidas hasta 1504, año de la muerte de Isabel; Fernando deja entonces de ser rey de Castilla pero conserva el poder como gobernador. Las dos coronas vuelven a unirse, esta vez definitivamente, con el advenimiento de Carlos I, en 1516.

En 1580, Felipe II recibe la corona de Portugal, vacante por la desaparición sin heredero del rey don Sebastián. Portugal quedará así unido a la monarquía católica hasta 1640. Consecuentemente el imperio colonial portugués pasa también a formar parte, en 1580, de los dominios de Felipe II.

A este patrimonio esencialmente peninsular Carlos V añade, en 1516, el legado borgoñón (Flandes y el Franco-Condado) y, en 1519, la dignidad imperial y feudos patrimoniales de los Habsburgo en Alemania y Austria. Al abdicar, en 1556, Carlos V divide la herencia en dos partes. Cede a su hermano Fernando la dignidad imperial y los estados patrimoniales de los Habsburgo —con la excepción de Flandes y el Franco-Condado— y lega a su hijo Felipe las coronas de Castilla y Aragón, junto con Flandes y el Franco-Condado. Sobre esta monarquía conviene hacer dos observaciones:

1) La integración de la Corona de Castilla es mayor que la de la Corona de Aragón, con algunas matizaciones: al lado de las Cortes de Castilla, que estaban for-

Isabel I (1451-1504), reina de Castilla desde 1474, después de la muerte de su medio hermano, Enrique IV. El título de Reyes Católicos les fue concedido a Fernando e Isabel por el papa Alejandro VI en 1494.

madas por procuradores de determinadas ciudades castellanas, existen las Juntas generales de las provincias vascongadas y las Cortes de Navarra; estos últimos territorios conservan un régimen fiscal y administrativo que les deja una relativa autonomía respecto a Castilla. La Corona de Aragón es más heterogénea. Consta de tres territorios fundamentales: el principado de Cataluña y los reinos de Aragón y Valencia, cada uno con sus instituciones peculiares y sus Cortes, que se reúnen en el mismo lugar pero que deliberan por separado.

2) Los distintos elementos de la monarquía no se sitúan en un plano de igualdad. La Corona de Castilla resulta favorecida por motivos históricos, económicos y políticos; es más extensa en superficie, está más poblada, y su economía es más fuerte. Por todo ello el soberano se apoya en Castilla para lograr los recursos financieros y humanos que exige la política exterior.

Doña Juana la loca (1479-1555), hija y heredera de los Reyes Católicos, fue proclamada reina de Castilla en 1504 cuando murió su madre, pero su salud mental le impidió asumir personalmente el mando. Gobernaron en su nombre, primero su marido Felipe I el Hermoso (1504-1506), luego su padre, Fernando el Católico, y por fin su hijo Carlos I, a partir de 1516.

8

Las regencias (1504-1517)

La muerte de Isabel la Católica provoca una crisis política delicada. Don Fernando es ahora únicamente rey de Aragón. La Corona de Castilla recae en la hija de los Reyes Católicos, doña Juana, casada con el flamenco Felipe I el Hermoso, quien se convierte por pocos meses, hasta su muerte, acaecida en 1506, en el verdadero soberano, ya que la salud mental de su esposa no le permite a ésta ejercer con plenitud sus poderes (por eso ha pasado a la historia con el apodo de Juana la Loca). Desaparecido Felipe, los Grandes, por consejo del cardenal Cisneros, arzobispo de Toledo, deciden pedir a don Fernando que vuelva a hacerse cargo del gobierno de Castilla. Juana sigue siendo nominalmente la reina (pero de hecho es su padre, don Fernando, quien gobierna), situación jurídica que en principio hubiera debido prolongarse después de la muerte del Rey

Desde 1509 estuvo encerrada en Tordesillas. En 1520 los comuneros intentaron restituirle sus derechos, pero doña Juana se negó a firmar cualquier documento, con lo cual se frustraron las esperanzas de los rebeldes que pensaban utilizarla contra su hijo, el emperador Carlos V.

Carlos V hereda derechos y territorios de sus cuatro abuelos: de Fernando el Católico la Corona de Aragón (Aragón, Valencia, Cataluña, Baleares) y Nápoles; de Isabel la Corona de Castilla, Navarra y las Indias; de María de Borgoña, Flandes y el Franco-Condado y del emperador Maximiliano, el Imperio y feudos en Austria y Alemania.

Católico (enero de 1516). Según el testamento de la reina Isabel le correspondía ahora al hijo mayor de doña Juana, Carlos de Gante que a la sazón residía en Flandes, actuar de gobernador o regente en nombre de su madre. Los consejeros flamencos del príncipe don Carlos tenían otras expectativas; juzgaron más conveniente proclamarlo rey de Castilla y Aragón juntamente con doña Juana, lo cual equivalía a un verdadero golpe de Estado y causaría un profundo desagrado en amplios sectores, contribuyendo a desacreditar al nuevo soberano aun antes de que llegara a la Península.

Para complicar aún más las cosas, don Carlos retrasó casi dos años su llegada a España. Durante esta larga ausencia la corte oficial residía en Bruselas, desde donde se dictaban las órdenes que el cardenal Cisneros, gobernador, tenía que acatar en la Península. De esta forma se llegó, en 1516-1517, a una fórmula de gobierno que resultaba enormemente inestable. En realidad, en aquellos años, hubo dos gobiernos: uno en Castilla en torno a Cisneros, y otro en Flandes. El pri-

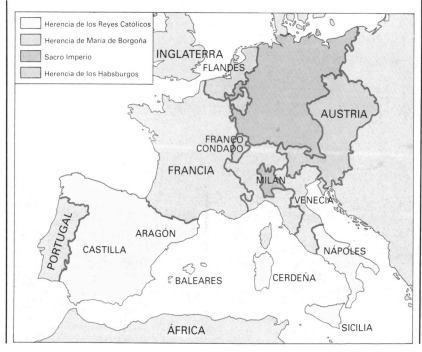

- Herencia de los Reyes Católicos
- Herencia de María de Borgoña
- Sacro Imperio
- Herencia de los Habsburgos

INGLATERRA
FLANDES
AUSTRIA
FRANCO CONDADO
FRANCIA
MILÁN
VENECIA
PORTUGAL
ARAGÓN
CASTILLA
NÁPOLES
BALEARES
CERDEÑA
ÁFRICA
SICILIA

mero era el responsable de los asuntos políticos, aunque el segundo podía en cualquier momento rectificar o anular las decisiones tomadas por el Cardenal.

Por consiguiente, desde 1504, Castilla carece de un poder estable, situación que aprovechan varios grupos sociales para tratar de actuar en beneficio propio. Parte de la nobleza intenta recuperar las posiciones perdidas durante la época de los Reyes Católicos, haciéndose dueña de algunas ciudades importantes y saldando cuentas atrasadas con el poder real. La crisis política coincide con una crisis económica (malas cosechas, hambre, mortandad) que culmina en 1507 y agudiza el enfrentamiento entre los grupos sociales. Así vamos a ver cómo mientras los negociantes del interior (Segovia, Cuenca) protestan contra el monopolio sobre la exportación de lana, del que disfrutaban de hecho los mercaderes de Burgos, los manufactureros y artesanos exigen que se reserve por lo menos la tercera parte de la producción lanera para los talleres nacionales.

El período de las regencias muestra la fragilidad del equilibrio alcanzado por los Reyes Católicos. La decepción ante los primeros actos del nuevo soberano, Carlos I, explica las revueltas de los años 1520-1521.

Las regencias

Carlos de Gante (1500-1558), hijo de Juana la Loca y de Felipe el Hermoso, nieto de los Reyes Católicos, sube al trono de Castilla en 1516 y en 1519 es elegido emperador; casa en 1526 con la infanta portuguesa Isabel. En la imagen retrato de los reyes realizado por Ticiano.

El movimiento comunero

Valladolid es en el siglo XVI una de las ciudades más importantes de Castilla; sede de la alta corte de justicia, la Chancillería, de una universidad y residencia de la corte hasta 1559.

Comunidades de Castilla, Germanías de Valencia

Los dos movimientos sociales se desarrollan casi al mismo tiempo, pero tienen causas diferentes y distinta significación.

En Castilla, la revolución comunera se explica por las dificultades que atraviesa desde la muerte de Isabel la Católica y por la elección, en 1519, del nuevo rey de Castilla, don Carlos, como emperador del Sacro Imperio Romano Germánico (desde entonces se le conocerá como Carlos I de España o Carlos V de Alemania). En Castilla, son muchos los que no están de acuerdo con esta elección; temen que don Carlos, en su afán por atender sus responsabilidades imperiales, descuide los intereses propiamente castellanos. Don Carlos no presta la debida atención a estas protestas; reúne Cortes en Santiago-La Coruña (abril-mayo de 1520) y se marcha a Alemania. La ciudad de Toledo se declara en franca rebeldía; convoca en Ávila, primero, y luego en Tordesillas, una Junta a la que acuden procuradores de las principales ciudades. El 15 de diciembre de 1520, el ejército real desaloja a los comuneros de Tordesillas; la Junta se traslada entonces a Valladolid

donde elabora un programa de reformas que tratan de limitar el poder del rey. El 23 de abril de 1521, las tropas comuneras sufren una aplastante derrota en Villalar y sus jefes (el toledano Juan de Padilla, el segoviano Juan Bravo y el salmantino Francisco Maldonado) son ejecutados al día siguiente.

El movimiento comunero nace y se desarrolla en las ciudades pero pronto encuentra un fuerte eco en el campo, que será el escenario de una poderosa revuelta antiseñorial. Por otro lado, los comuneros elaboran un programa de reorganización política de signo moderno, que intenta limitar el poder arbitrario de la Corona. Su derrota se debe a la alianza de la nobleza y de la monarquía y viene así a reforzar las tendencias absolutistas de la Corona.

Si ahondamos en su análisis debemos señalar, en primer lugar, que el movimiento comunero se sitúa dentro de una doble coyuntura: política y económica.

La coyuntura política se abre con la muerte de Isabel en 1504, tras la cual se suceden una serie de gobiernos transitorios y regencias durante los que se hacen evidentes los fallos de la administración, muchas veces inca-

El 21 de abril de 1521 se ejecutan en Villalar los jefes militares de la revolución comunera: Juan de Padilla, capitán de las milicias de Toledo, Juan Bravo, capitán de las de Segovia y Francisco Maldonado, capitán de Salamanca.

El movimiento comunero

En 1519 Carlos I de España es elegido emperador del Sacro Imperio Romano Germánico (Carlos V de Alemania), dignidad que le confiere una preeminencia sobre los demás soberanos de la Europa cristiana. En 1556 abdicó del Imperio, dejándolo en manos de su hermano Fernando y las Coronas de Aragón y Castilla en las de su hijo Felipe, y pasa los últimos años en Yuste. En la ilustración, un escudo imperial que se halla situado sobre el arco de un puente en Toledo.

paz de hacer frente a la situación porque falta en la cumbre del Estado una autoridad fuerte y respetada.

En cuanto a la coyuntura económica, los años 1504-1506 son terribles: malas cosechas, hambre, mortandad; la presión fiscal contribuye a agravar la situación. Después de estos años trágicos, entre 1510 y 1515, asistimos a una baja de los precios que es más espectacular por ser la única del siglo; depresión seguida inmediatamente por una subida impresionante de los precios, que alcanzan su punto máximo en 1521.

Este es el panorama general en el que hay que situar la problemática de 1520. La crisis económica afecta a casi todos los sectores, a unos más que a otros, y se vive con el temor de que la crisis política continúe agravándose con la marcha del rey al Imperio. Los pueblos de Castilla se sienten desamparados. A esto se deben los disturbios y la agitación social que se generaliza en todo el reino a partir del mes de junio de 1520. Por todas partes estallan motines y revueltas; estos movimientos son otras tantas manifestaciones de una situación de malestar y descontento generalizado que sólo en la región centro-castellana toma un cariz netamente político.

Entre Valladolid y Toledo, parecen acumularse las dificultades: ambas son ciudades populares en las que pugna por desarrollarse una industria textil enfrentada a la competencia extranjera y a la dificultad de abastecerse en materias primas, a causa de la política de exportación de lanas. La zona Norte, a partir de Burgos, pone sus esperanzas en las relaciones mercantiles privilegiadas con Flandes y Europa, que lógicamente van a salir beneficiadas con la nueva dinastía; motivos semejantes, junto con una organización social distinta, intervienen en Andalucía. Pero la situación es otra en la región centro-castellana que no ve ninguna salida.

Con estas premisas, se puede dar la siguiente interpretación del movimiento comunero: 1) rechazo del Imperio; 2) intento de reorganización política de la relación rey-reino.

1) El inicio del movimiento comunero coincide cronológicamente con la elección de Carlos I como emperador en 1519. Toledo empieza entonces a ejercer su influencia en las ciudades con voz y voto en Cortes. No se trata de xenofobia ni de voluntad de encerrarse en

la Península, volviendo la espalda a Europa, sino de algo mucho más serio e importante: los comuneros tienen la impresión de que el César está sacrificando el bien común de Castilla, los intereses propios y legítimos del reino, a sus intereses personales y dinásticos; ellos temen que Castilla va a perder mucho con el Imperio y que tendrá que sufragar una política exterior distinta y tal vez opuesta a sus propios intereses nacionales, intuición que la historia posterior ha ratificado.

2) Este rechazo de la primacía del Imperio lleva a los comuneros a reivindicar para el reino una participación directa en los asuntos políticos. Está voluntad de intervenir en los debates políticos es lo que caracteriza al movimiento comunero. La reorganización llevada a cabo por los Reyes Católicos tenía un sentido muy claro: la política era un asunto de la Corona; el pueblo no tenía por qué intervenir en ella. La revolución comunera pro-

El movimiento comunero

La muerte fue un motivo de preocupación para los hombres del siglo XVI, de ahí que fuera un tema recurrente en la literatura y en el arte. Uno de los libros más famosos fue la *Agonía del tránsito de la muerte* del toledano Alejo Venegas.

Las Germanías

El reino de Valencia, que forma parte de la Corona de Aragón, tiene su representación política propia, sus Cortes, compuestas por tres estamentos: el brazo militar, o sea la nobleza, el brazo eclesiástico y el brazo real o popular: los representantes de las ciudades.

cura terminar con esta situación. Las cuestiones políticas vuelven a debatirse en los concejos donde los regidores tradicionales dejan paso a auténticos representantes del pueblo. Pero es sobre todo la Santa Junta la que demuestra una voluntad de participar en la solución de los grandes problemas políticos: no se limita a presentar las reformas, dejando al rey la decisión final; ella quiere intervenir directamente en el gobierno.

En Valencia, las Germanías presentan, por el contrario, un matiz más social que político. A principios de 1520, los plebeyos se hacen dueños de la capital, rechazan a las autoridades y derrotan en Gandía, el 25 de julio de 1521, al ejército real. Asimismo, causan estragos en las tierras de señorío, obligando a los vasallos mudéjares a convertirse al catolicismo. Los señores y el poder real acaban por aplastar la rebelión popular en noviembre de 1521.

Rey y reino

¿Significó la derrota de los comuneros y de los agermanados el triunfo de la centralización y el absolutismo real? Conviene matizar la respuesta: la monarquía no forma un conjunto armónico; entre los distintos reinos que la componen existen notables diferencias. La centralización y la tendencia al absolutismo son mucho mayores en Castilla que en la Corona de Aragón, pero así y todo sería erróneo considerar a la primera como un Estado fuertemente centralizado. Después de Villalar, en ningún momento el poder real aparece amenazado en el siglo XVI, éste domina perfectamente la situación. Sin embargo, está muy lejos de administrar directamente la inmensa mayoría del territorio nacional. Lo normal es la administración delegada. Podemos distinguir así tres ámbitos en la administración:

1) *Los señoríos.* Forman un amplio sector mayoritario en el que el rey delega sus poderes y su autoridad a señores, laicos o eclesiásticos, estos señoríos son los feudos territoriales de la nobleza, tierras de abadengo

---

| Administración |
| del reino |

Toledo sigue siendo en el siglo XVI una de las ciudades más ricas de España, con su artesanado y una industria textil (seda y lana) importantes. La capitalidad de Madrid la reduce, a partir de 1561, a una situación menos brillante.

17

Administración del reino

La diócesis de Toledo era la más rica de España y sus arzobispos gozaron de gran prestigio; muchos de ellos (Tavera, Martínez Silíceo...) tuvieron un destacado protagonismo en los asuntos políticos. En la ilustración, detalle de la fachada de la catedral de Toledo.

y las Órdenes Militares o religiosas, de los obispos y arzobispos. La mitra de Toledo, por ejemplo, administraba un territorio inmenso en el que ejercía poderes judiciales, administrativos, y económicos; nombraba los jueces, escribanos, notarios y demás oficiales subalternos; aprobaba las elecciones de regidores municipales; recaudaba tributos, etc. Los señores hacían lo mismo en los límites de su jurisdicción. De esta forma, la mitad, o quizás más, del territorio nacional quedaba fuera de la intervención directa del monarca. Naturalmente, las leyes del reino debían regir en toda la monarquía y los vasallos de los señores podían apelar ante la justicia real contra cualquier sentencia de los jueces señoriales que les pareciera injusta. Pero, de hecho, aquella posibilidad resultaba teórica. La realidad era que los señores en sus jurisdicciones ejercían poderes que correspondían al Estado y que la Corona les delegaba.

2) Los mismos *territorios de realengo* no siempre quedaban sometidos a la autoridad directa del soberano: en los municipios, concejos, villas y ciudades, nos encontramos con autoridades delegadas. La jurisdicción de los municipios no sólo abarcaba el ámbito de la ciu

dad, sino también amplias zonas rurales en torno a ella; en ciertos casos, como el de Valladolid o Segovia, estas zonas rurales —el *alfoz* o tierra circundante de la ciudad— constituían verdaderas comarcas o provincias que estaban sometidas a la jurisdicción de la capital que se comportaba respecto a ellas como un auténtico señor. Ahora bien, la autonomía relativa de los grandes concejos era mucho menor que la de los señoríos, ya que la Corona estaba representada en aquéllos por un alto funcionario, el corregidor, que presidía el ayuntamiento, es decir la asamblea compuesta por los regidores (veinticuatro en Andalucía), que formaban una oligarquía urbana muy cerrada, los jurados o representantes de los barrios, fieles, alcaldes y otros oficios municipales.

La existencia de estos dos ámbitos, el señorial y el municipal, hace que la mayor parte del territorio nacional quede fuera de la autoridad directa del soberano, que sólo ejerce un control, más o menos riguroso, en los asuntos locales. En cambio, la Corona se reserva enteramente el tercer ámbito, es decir, el de la política general.

3) Este tercer ámbito constituye el sector político propiamente dicho, el Estado en el sentido moderno de la

Administración del reino

En las ferias de Medina del Campo se realizaban, además de transacciones comerciales (venta de mercancías), operaciones financieras de cambio para todos los países de Europa. Se celebraban dos veces al año, en mayo y en octubre. Por su importancia, estas ferias transformaron a Medina del Campo en verdadera capital financiera de España.

palabra: diplomacia, política fiscal y gobierno general del reino. Teóricamente, la Corona debe colaborar con las Cortes, representación del reino. Esta es, por lo menos, la teoría política heredada de la Edad Media, la dualidad rey-reino, una teoría que, en el siglo XVI, es más simbólica que real. En virtud de esta teoría, el reino no es del rey, sino de la comunidad. Entre ambos existe un contrato tácito: el rey se compromete a mantener la paz y la justicia; en contrapartida el reino se obliga a acatar sus órdenes y a contribuir con los impuestos a que pueda ejercer las responsabilidades que le han sido confiadas. Siempre en teoría, el reino es superior al rey, quien no sería sino el más eminente de los funcionarios del Estado: «*Nuestro mercenario* [asalariado] *es*» recuerdan todavía las Cortes de 1518. Para que una ley sea justa debe recibir la aprobación del reino.

En el siglo XVI, esta doctrina ya no tiene significación concreta. No existe ninguna institución que fiscalice o

Durante toda la época de los Austrias, Aragón fue reino autónomo, integrado en la Corona de Aragón junto con el reino de Valencia y el principado de Cataluña. Entonces no existía una verdadera unión política de España, sino una simple unión dinástica: el rey de Castilla era al mismo tiempo rey de Aragón, rey de Valencia, conde de Barcelona, etc.

limite el poder del monarca, que se convierte en un personaje divino. Ya no se le llama Alteza, sino Majestad, tratamiento que expresa el carácter sagrado que está cobrando la persona del rey. Con el ceremonial borgoñón y su derivado, la etiqueta, que Carlos V introduce en España y que se impone definitivamente a partir de Felipe II, culmina esta evolución. Se trata de una etiqueta sumamente complicada, con muchísimos cargos confiados, por lo común, a la alta nobleza; el objetivo implícito es separar física y moralmente al monarca de sus súbditos, para que sea considerado como un ser sagrado.

Como consecuencia de estas tendencias, las Cortes quedan reducidas a un papel muy secundario, sobre todo en Castilla después de la derrota de los comuneros. Varias causas contribuyeron a ello:

— Las Cortes no representan a todo el reino, sino sólo a los municipios de realengo. Carlos V convocó dos veces, en 1527 y en 1538, a los tres brazos del reino castellano, es decir, al clero, a la nobleza, y a los procuradores de las ciudades, pero la experiencia no fue muy satisfactoria. No volvió a repetirla. En cuanto a Felipe II, ni siquiera lo intentó.

— Las Cortes no representan a la totalidad de las ciudades, sino sólo a una minoría: dieciocho (Burgos,

La rebelión de Martín Lutero contra el papado, en 1517, significó la ruptura de la unidad religiosa de Europa. Carlos V trató de evitarla, ya que los protestantes eran numerosos en Alemania y ponían en peligro no sólo la fe sino la situación política del imperio. Después del Concilio de Trento (1545-1563), quedó consumada la división entre católicos y protestantes.

· I · Heemskerck · Inventor ·

21

Burgos fue, durante toda la Edad Media, una ciudad muy abierta a las influencias europeas como lo muestra, por ejemplo, su catedral gótica. En el siglo XVI, desempeñó un papel de primer orden como centro del comercio de exportación de la lana castellana hacia la Europa del norte.

Soria, Segovia, Ávila, Valladolid, León, Salamanca, Zamora, Toro, Toledo, Cuenca, Guadalajara, Madrid, Sevilla, Córdoba, Jaén, Murcia y Granada). Tener voz y voto en Cortes no es ningún derecho, sino que se trata de un privilegio que defienden con tesón las ciudades que lo poseen.

En cada una de las dieciocho ciudades privilegiadas, un grupo muy reducido de electores es el encargado de nombrar a los dos procuradores en Cortes: se trata esencialmente de la oligarquía municipal de los regidores. Además, el corregidor se las arregla siempre para que sólo salgan designados como procuradores hombres dispuestos a acatar la voluntad del soberano.

En estas condiciones, las Cortes de Castilla, que, además, se convocan muy de tarde en tarde, no están preparadas para oponerse seriamente al poder real. A fines de siglo, el jesuita Mariana censuraba aquella dejación colectiva de las Cortes castellanas y su casi total falta de

representatividad. La Corona tiene así una libertad de acción muy grande; ningún poder intermedio se interpone ante ella. Sin embargo, el rey no gobierna solo, sino que cuenta con la colaboración de unos Consejos especializados: Castilla, Hacienda, Inquisición, etc. Esta es la característica de la administración de los Habsburgo: se trata de una administración colegiada. Cada Consejo está compuesto por unas diez o quince personas, en su mayoría letrados. Los Consejos examinan los problemas importantes; tras la discusión se redacta un resumen, que se presenta al soberano, y éste escribe en el margen del documento sus observaciones o sus decisiones. Este es el llamado sistema de consultas.

Entre el soberano y los Consejos, la comunicación se establece por medio de los secretarios, que acaban ejerciendo un papel decisivo en la vida política. Muchos de ellos están en funciones largo tiempo, a veces toda su vida. Este fue el caso de Francisco de Los Cobos, bajo el reinado de Carlos V. Aquellos hombres, por su presencia continua cerca del soberano, tuvieron una influencia considerable en las altas esferas del poder.

Dadas estas premisas, ¿puede hablarse de luchas políticas, de partidos opuestos, en el siglo XVI? Eso es lo

Los Consejos

En 1558, se descubrió en Valladolid un foco protestante que inquietó mucho a las autoridades. La Inquisición castigó duramente a los cabecillas en un auto de fe que el mismo Felipe II presidió para darle mayor relieve.

Los secretarios

El caso de Antonio Pérez (1540-1611), secretario de Felipe II acusado de traición, ilustra los límites del poder real. Pérez huyó de Madrid a Zaragoza. Felipe II pidió su extradición, que le fue denegada por las autoridades aragonesas. Se pensó entonces en involucrar a Pérez en un asunto de herejía y la Inquisición lo detuvo, pero una revuelta popular le permitió huir a Francia (1591).

que se ha afirmado, por ejemplo, cuando se han hecho referencias a la rivalidad entre el duque de Alba y el príncipe de Éboli en la primera parte del reinado de Felipe II; el Duque habría representado una tendencia más dura frente a la postura conciliadora, encabezada por el Éboli, respecto al conflicto de Flandes. Sin negar el interés de dicho planteamiento ni la importancia que semejantes divergencias pudieran tener, tanto Carlos V como Felipe II procuraron siempre gobernar personalmente, sin entregar el poder a tal o cual ministro; oían los pareceres de unos y otros, pero las decisiones importantes las tomaban ellos y, escarmentados por la Rebelión Comunera de 1520, sofocaron inmediata y severamente cualquier oposición que pudiera surgir. Así lo prueban los acontecimientos conocidos como las Alteraciones de Aragón, en el reinado de Felipe II. Este movimiento está íntimamente relacionado con la traición de Antonio Pérez, secretario de Estado de Felipe II, acusado de haber hecho uso de informaciones confidenciales. Antonio Pérez logró huir de la cárcel de Madrid, se fue a Zaragoza y, como era aragonés, se puso bajo la protección de los fueros de Aragón, lo cual le fue concedido. Felipe II tomó muy mal el asunto; creyó

hallar una solución más rápida acusando a Antonio Pérez de herejía para que fuera detenido por la Inquisición y trasladado otra vez a Madrid. Un tumulto popular permitió a Antonio Pérez escapar y refugiarse en Francia (septiembre de 1591). El desacato a la autoridad real era evidente. Para castigarlo, Felipe II concentró un ejército que entró en Zaragoza (noviembre de 1591), detuvo a la máxima autoridad del reino, el Justicia de Aragón, Juan de Lanuza, que fue ejecutado. Poco después, otro incidente confirma la voluntad del Rey de no tolerar ninguna oposición. En 1592, aparecieron en Ávila unos papeles sediciosos; un juez especial fue encargado de investigar el caso y condenó a muerte a dos altos personajes de la ciudad, el primero fue ejecutado; el segundo vio la sentencia conmutada a cadena perpetua; sin contar las penas de galeras y azotes para individuos de menor categoría social.

¿Era este poder real un poder absoluto? Nadie ni nada parece capaz de contrarrestar su autoridad. Digamos que se trata de un poder absoluto, pero no arbitrario, y que el absolutismo aún no ha llegado a su apogeo.

El poder real

La galera era utilizada en el Mediterráneo; sus remeros —los galeotes— eran o bien condenados por la justicia a cumplir pena de trabajos forzados o bien prisioneros de guerra. La navegación en el Atlántico exigía otro tipo de barco; la carabela fue el instrumento ideal de los descubrimientos.

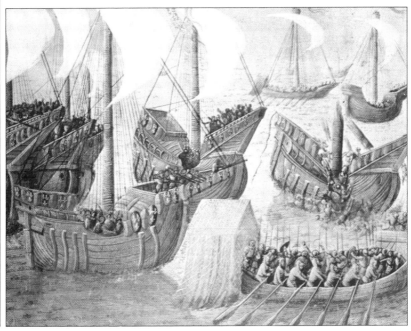

2

Una España hegemónica
La política imperial de Carlos V

Carlos V siempre tomó muy en serio sus responsabilidades como emperador. No es que pretendiera reinar en toda Europa, pero se consideraba el adalid de la Cristiandad frente a los avances turcos en la Europa central y el Mediterráneo, y frente a la herejía luterana en el resto de Europa. La Cristiandad, tal como la concebía el emperador, tenía un carácter marcadamente medieval.

«No sería justo ni cumpliría con lo que debo y soy [le escribía en 1532 a la emperatriz] si en esta empresa dejase de hacer todo lo que puedo.»

La época del emperador Carlos V significa el momento de mayor esplendor alcanzado por España en Europa, con claro predominio de la Corona de Castilla.

Se trataba no sólo de una unidad cultural y espiritual entre los pueblos católicos, sino de una realidad política que suponía una acción conjunta contra los infieles. Por lo general, sus súbditos españoles no compartieron estas ideas, hubieran preferido que su soberano prestara más atención a los intereses nacionales y

menos a las *cosas de la fe* y al bien de la Cristiandad, es decir, a los problemas creados a raíz del enfrentamiento de Lutero con la Iglesia de Roma. En este aspecto, la ruptura con la tradición legada por los Reyes Católicos se aprecia claramente. Los Austrias siguen una política dinástica —de solidaridad entre los diversos miembros de la casa de Austria— e ideológica. España, y concretamente Castilla, se limitan a sufragar dicha política con su hacienda y con sus soldados.

La política internacional de Carlos V pasa por tres fases: un período borgoñón, un período mediterráneo y un período germánico.

• La fase borgoñona dura, aproximadamente, hasta 1530-1533. Carlos V se consideraba legítimo heredero del ducado de Borgoña, antiguo feudo de sus abuelos anexionado por Francia a finales de la Edad Media. Esto lo lleva a un enfrentamiento con Francia, primero en Navarra (1521), y luego, en Italia. Allí, las tropas imperiales procuran echar fuera del Milanesado a los franceses, capitaneados por su rey Francisco I en persona. La batalla decisiva se libró en Pavía (febrero de 1525);

La política imperial

El rey de Francia Francisco I, cuya llegada a Valencia vemos en la imagen, mantuvo una fuerte rivalidad con Carlos V sobre todo en Italia. Apresado en la batalla de Pavía (1525), Francisco I estuvo durante algunos meses prisionero en Madrid (Torre de los Lujanes) y Toledo.

La política imperial

Africa del norte fue, durante todo el siglo XVI, una base de la que salían corsarios y piratas, aliados a los turcos, que se dirigían a Italia y España en busca de botín y esclavos. La expedición victoriosa de Carlos V a Túnez (1535) tenía como objetivo desalojar de aquella ciudad al principal corsario, Barbarroja.

el rey de Francia, fue herido, y cayó prisionero de los españoles que lo llevaron a Madrid donde permaneció hasta que se firmó la paz en 1526. A cambio de su libertad, Francisco I se comprometió a entregar a Carlos V el ducado de Borgoña y a retirarse del Milanesado, pero al verse libre no cumplió ninguna de sus promesas. Se reanudaron, pues, las hostilidades en junio de 1526. El episodio más dramático fue el asalto y el saqueo de Roma por las tropas imperiales en mayo de 1527. La guerra terminó en 1529; Carlos V renunció a la Borgoña y Francisco I al ducado de Milán. Después de varias peripecias se confirmaron estas cláusulas en la paz de Crépy (septiembre de 1544).

• La fase mediterránea empieza en 1529 cuando el corsario Barbarroja, aliado de los turcos, se apodera de Argel y desde allí amenaza las posesiones españolas en Italia y la misma Península. Carlos V dirige personalmente dos operaciones bélicas, una terminada con éxito contra Túnez (1535), y otra, que acabó en fracaso, contra Argel en 1541.

• La fase germánica es consecuencia directa de la Reforma protestante encabezada por Lutero en 1518. Se

trata para Carlos V de conservar a la vez la unidad religiosa de Europa y la unidad política del Imperio. Logró más o menos el segundo objetivo, pero fracasó totalmente en el primero. En una primera etapa, la Cancillería imperial se propone mantener la unidad católica mediante la convocatoria de un concilio, compromiso que no desean realmente ni los luteranos ni el papa. Hasta 1541 se llevan a cabo varios intentos de conciliación para evitar la ruptura definitiva entre protestantes y católicos. Después, Carlos V da por consumada la división religiosa de Europa y procura sólo mantener la unidad política del Imperio. Primero por la fuerza (en 1547, derrota en Mühlberg a sus adversarios) y luego por la vía diplomática, lo que logra en la paz de Augsburgo (1555), a cambio de concesiones religiosas, como la libertad dada a los príncipes alemanes de imponer su propia fe —luterana o católica— en sus estados.

La amargura que dejó en Carlos V el fracaso de su principal objetivo —mantener la unidad religiosa del Imperio— explica su abdicación al año siguiente: Carlos V abandona el poder, que deja en manos de su hijo, Felipe II, y se retira a Yuste, donde muere en 1558.

> **La política imperial**
>
> En Mühlberg, Carlos V dirigió personalmente la batalla contra los príncipes protestantes de Alemania, pero la victoria no fue total, ya que al año siguiente, los príncipes, temerosos del excesivo poder del emperador, volvieron a rebelarse e iniciaron tratos con Francia.

Lepanto

El imperialismo hispánico de Felipe II

Al abdicar en 1556, Carlos V dejó a su hijo Felipe II todos los territorios que le pertenecían con la sola excepción del Imperio que recayó en otro miembro de la Casa de Austria. El nuevo rey de España consideró que estaba obligado a seguir la política de su padre. Hubo así una solidaridad dinástica y política entre los diversos elementos de la Casa de Austria cuya cabeza fue Felipe II. Este llegó a identificar estrechamente los intereses de la Corona española con los de la religión católica en Europa. Esta voluntad de luchar contra la Reforma fue muchas veces interpretada, en su tiempo, como una mera justificación ideológica para encubrir lo que frecuentemente se consideró como una manifestación de imperialismo por parte de España.

En 1557, Felipe II, que se encontraba en Flandes, invadió Francia por el norte y libró en San Quintín una batalla que obligó a los franceses a firmar la paz de Cateau-Cambresis (1559). En la imagen, asedio a la ciudad de San Quintín.

En 1571 se organiza la última cruzada de la Cristiandad contra los turcos y sus aliados, los corsarios berberiscos que, desde el norte de África, atacan a las poblaciones cristianas del Mediterráneo. La armada formada por España, Roma y Venecia, bajo el mando del hijo natural de Carlos V, don Juan de Austria, vence a los turcos en Lepanto (octubre de 1571). Lepanto no re-

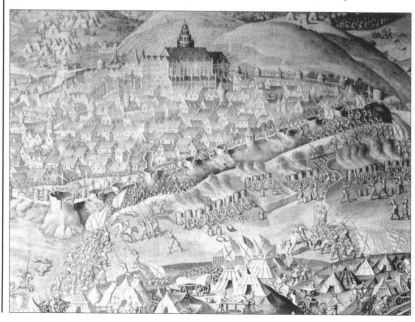

presentó para los turcos una derrota total, ya que reconstruyeron rápidamente su armada, pero la victoria cristiana vino a poner fin al clima de euforia que reinaba entre los otomanos; la guerra en el Mediterráneo continuó pero el Islam dejó de representar un serio peligro para el Occidente cristiano y concretamente para España.

Desde 1566, el problema fundamental para Felipe II lo constituye Flandes, un conflicto en el que la ideología y el nacionalismo van íntimamente ligados. Al principio el problema parece reducirse a términos relativamente sencillos. Se trataba fundamentalmente de una cuestión política: el deseo de los flamencos de no estar sometidos a una administración extranjera, ya que Flandes no era una colonia ni un territorio anexionado a España, sino un señorío autónomo. Al dejar los Países Bajos para regresar a España, en 1556, Felipe II, «señor natural» de Flandes, había confiado el gobierno de aquellas provincias a su tía, Margarita de Parma, asesorada por un consejo en el que la figura más destacada era la de Granvela, que gozaba de la confianza del monarca. La nobleza de la tierra, encabezada por el príncipe

Flandes

Desde finales del siglo XV, los turcos dominaban casi completamente el Mediterráneo occidental. **La batalla de Lepanto (1571)** contribuyó a aliviar la amenaza que representaban para España.

31

Flandes

En 1556, Carlos V lega a su hijo y heredero Felipe II sus posesiones peninsulares (a las cuales viene a añadirse Portugal en 1580), Flandes, el Franco-Condado, Milán y Nápoles.

Guillermo de Orange, no admitió el nombramiento de este extranjero y quería disponer de mayor influencia en los asuntos políticos. Felipe II aceptó esta demanda pero se negó rotundamente a la concesión de otras reivindicaciones, sobre todo en lo que se refería a la libertad de culto, ya que en Flandes la Reforma había logrado éxitos importantes. A partir de entonces, los motivos religiosos se mezclaron con los políticos para complicar el conflicto. Ambos bandos tenían interés en mantener la confusión, los flamencos para obtener la ayuda de las naciones protestantes, Felipe II para obtener fondos del Papa y del clero español, todo ello dio a la contienda el carácter despiadado que conservó hasta el final. El rey de España llegó a declarar que estaba dispuesto a perder sus estados «y cien vidas que tuviera» porque él no pensaba ni quería ser señor de herejes. En 1566, la minoría calvinista organizó una serie de manifestaciones que culminaron con la destrucción de imágenes en las iglesias y el saqueo de varios templos. Felipe II reac-

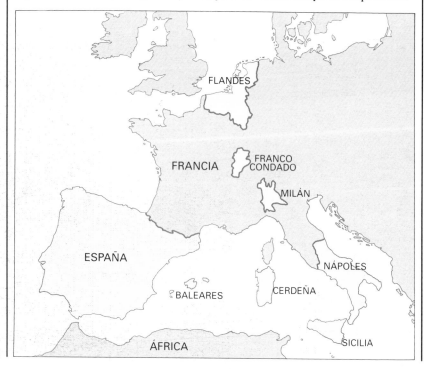

cionó de una manera fulminante y enérgica, enviando a Flandes un ejército capitaneado por el duque de Alba, quien procuró acabar con la oposición por medio de una represión implacable.

Desde ese momento la guerra toma un aspecto feroz en el que los motivos religiosos y nacionalistas están muy ligados. Contra el rey de España, campeón del catolicismo en Europa, los rebeldes flamencos buscan el apoyo de las potencias protestantes, en primer lugar el de Inglaterra. El resentimiento contra España se agudiza después del saqueo de Amberes por las tropas de Luis de Requesens, en 1576. Después de estos desmanes, la solidaridad entre los nobles descontentos y los calvinistas se hace aún más estrecha. Al final de la centuria se llega a un compromiso, preludio de la partición del territorio en dos: las provincias del sur, fieles en su mayoría al catolicismo, quedarán unidas a la monarquía española; las provincias del norte, protestantes, se convierten de hecho en un Estado independiente.

Flandes

La durísima política represiva llevada a cabo en Flandes por el duque de Alba con el Tribunal de los Desórdenes pareció al principio dar resultados y Felipe II pudo conceder un perdón general en 1570. Pero en 1572 los protestantes flamencos volvieron a la lucha. Alegoría de la tiranía del duque de Alba.

El conflicto en Flandes obligó a España a movilizar todas sus energías en esta zona a costa de sacrificios económicos y humanos, lo que originó descontento y preocupación entre los castellanos. Ya en 1588, en las Cortes de Madrid, un procurador preguntaba por qué Castilla tenía que cargar con todos los gastos acarreados por la defensa del catolicismo en Europa y concretamente en Flandes; si se trataba, como se decía, de defender la fe católica, ésta era una causa común a toda la Cristiandad y no responsabilidad exclusiva de España:

Dominico Theotocópuli (1541-1614), natural de Creta (por eso se le conoce como El Greco), vino temprano a España pero su estilo de pintura no era del gusto de Felipe II, por lo cual vivió y trabajó sobre todo en Toledo.

«¿Por ventura serán Francia, Flandes e Inglaterra más buenas cuando España fuera más pobre?»

En 1593, la oposición se hizo más clara todavía; otro procurador a Cortes aconsejó al rey que se dedicara preferentemente a la defensa de los intereses nacionales de España y dejara de intervenir en los asuntos religiosos de Europa:

«Que Su Majestad se sirva, siendo posible, de alzar la mano en los ejércitos que trae en Flandes y Francia pues con esto

quedan bien y rigurosamente castigados los rebeldes que no quieren seguir la fe santa; y que pues ellos se quieren perder, que se pierdan.»

Flandes

Esto demuestra que no todos en España compartían las ideas del soberano ni estaban de acuerdo con una política que confundía la defensa de la fe con la defensa del Estado. Muchos comprendieron, como lo habían intuido los comuneros en 1520, que España y, sobre todo, Castilla se habían convertido en mero instrumento de la Casa de Austria y que los intereses dinásticos de la familia de los Habsburgo prevalecían sobre los intereses específicos de España.

La guerra de Flandes permite comprender cómo las relaciones de España con Inglaterra y Francia fueron tomando un cariz negativo. Por lo que respecta a Inglaterra, la evolución se desarrolló en tres tiempos:

— Primero hubo un breve período de unión cuando el príncipe don Felipe contrajo matrimonio con la reina de Inglaterra, María Tudor.

— Con la muerte de María Tudor y el advenimiento de Isabel al trono de Inglaterra, la situación cambió ra-

Siendo aún príncipe heredero, Felipe II se casó en 1554 con María Tudor, que, desde 1553, era reina de Inglaterra. De este matrimonio, que no tuvo fruto, se esperaba la vuelta de Inglaterra al catolicismo y una estrecha colaboración hispano-inglesa. La muerte de María Tudor, en 1558, echó abajo aquellos proyectos.

35

El puerto de Cádiz fue atacado varias veces por los corsarios cuando España estaba en guerra con Inglaterra. En la imagen, plaza de San Juan de Dios y casas consistoriales de Cádiz en el siglo XVI.

dicalmente; los rebeldes flamencos contaban con la simpatía activa del nuevo gobierno inglés; fue un período de guerra no declarada, ya que oficialmente las dos naciones estaban en paz, lo que no impedía que los corsarios ingleses atacaran los barcos españoles.

— La guerra abierta empezó en 1585. Los corsarios ingleses intensificaron sus ataques. Uno de los más famosos, Drake, organizó en 1585 expediciones bélicas contra los puertos de Vigo y de Santiago de Cuba; el propio Drake, en la primavera de 1587, entró en el puerto de Cádiz, hundiendo dieciocho barcos y llevándose otros seis. En realidad la diferencia religiosa entre una Inglaterra protestante y una España católica no lo explica todo, había motivos políticos y económicos en la rivalidad entre las dos naciones. Tanto Inglaterra como España luchaban por el dominio de América; también los holandeses querían ampliar su comercio ultramari-

no y esta pretensión chocaba con el monopolio que se reservaba España. Felipe II llegó a la convicción de que, para aplastar definitivamente a los rebeldes de Flandes, debía primero eliminar el apoyo que encontraban por parte de los ingleses. Pensó pues en invadir las islas británicas y para ello se hicieron grandes preparativos: una armada de sesenta y cinco navíos con once mil tripulantes y diecinueve mil soldados, constituía lo que se ha llamado la Armada Invencible. La operación falló porque estuvo mal preparada y mal ejecutada. Los barcos ingleses eran superiores a los españoles, la artillería enemiga también. En estas condiciones el almirante español prefirió no combatir; dio la vuelta a las islas británicas para regresar a España; los vientos y la tempestad lo echaron todo a perder. Sólo dieciséis barcos pudieron llegar a Santander a finales de septiembre de 1588. El fracaso de la armada fue menos importante de lo que

El desastre de la Invencible no significó el fin del poderío naval de España que pudo mantener hasta finales del siglo la protección de sus barcos que iban o venían de las Indias.

Felipe II apoyó con dinero y tropas a los católicos de Francia porque temía que el advenimiento de un rey protestante en el reino vecino debilitara la influencia española en Europa.

cabría pensar, pero sus repercusiones psicológicas en cambio, fueron enormes, ya que puso fin al optimismo que tras cien años de victorias ininterrumpidas animaba a los españoles.

También la guerra de Flandes envenenó las relaciones con Francia que al principio del reinado de Felipe II no eran malas. En los conflictos religiosos que enfrentaron en aquella época a protestantes y católicos en Francia, Felipe II apoyó constantemente a los católicos, sobre todo, a partir del momento en que un príncipe protestante, Enrique de Borbón, el futuro Enrique IV, tuvo esperanzas de subir al trono de Francia. La guerra estalló en 1595; acabó a los tres años con el tratado de Vervins (1598).

El conflicto en los Países Bajos determinó pues casi toda la política exterior de Felipe II. Se trató primero de aplastar a unos rebeldes que eran al mismo tiempo herejes; se procuró luego aislar a estos rebeldes del exterior, donde encontraban apoyos; para ello fue necesario luchar contra ingleses y franceses, inquietos por el extraordinario poder que concentraba el rey de España.

En las tierras españolas nunca se pone el sol

El siglo XVI no representa sólo para España la hegemonía política en Europa, es además el momento de su gran expansión en América y, más allá de América, en el Pacífico, con la ocupación y colonización de las llamadas islas Filipinas.

Al iniciarse la dinastía de los Austrias, España era ya dueña de las Antillas, sometidas a una dura explotación entre 1500 y 1515. Los emigrantes acudían en busca del rápido enriquecimiento que proporcionaban el oro y las perlas. Hacia 1515, La Española (Santo Domingo), Puerto Rico, Cuba y otras islas del Caribe estaban agotadas. Se buscan nuevos territorios en la Tierra firme, es decir, en el continente. Varios viajes de exploración se dirigen hacia el istmo de Panamá y el golfo de México.

Hernán Cortés toma el mando de una de estas expediciones. Con once barcos, quinientos hombres, dos in-

LOS REINOS DE INDIAS
A FINALES DEL SIGLO XVI

—— Límite de Virreinato
······· Límite de Audiencia
—— Límite de Capitanías (Brasil)

La expansión americana

Hasta finales del XVIII los españoles siguieron hablando de Indias en vez de América, ya que el proyecto inicial de Colón era establecer un contacto con Asia (la India y China) a través del Atlántico.

Sobre estas líneas,
Hernán Cortés
(1485-1547). Cor-
tés llegó a La Espa-
ñola (Santo Domin-
go) en 1501; tomó
parte con Diego de
Velázquez en la
conquista de Cuba
(1511) desde donde
embarcó para con-
quistar México.
Hernán Cortés re-
gresó a España en
1528; en recompen-
sa por sus servicios
se le nombró mar-
qués del Valle de
Oaxaca, pero no se
le devolvió el go-
bierno de Nueva
España. No obstan-
te, regresó a Méxi-
co y llevó a cabo
varias expediciones
en las que descu-
brió California.

térpretes, algunos caballos y cañones, desembarca en
la que será desde entonces la villa de Veracruz (abril
de 1519). Se adentra en el país, logra atraer a su causa
a algunas tribus indias que le suministran, además de
informaciones preciosas sobre la situación política, ví-
veres, portadores y soldados. Con estos refuerzos entra,
en noviembre de 1519, en la capital del imperio azte-
ca, México-Tenochtitlán. Una insurrección india obliga
a los españoles a abandonar la ciudad en muy malas
condiciones: es la *Noche triste* del 30 de junio de 1520.
Cortés rehace sus fuerzas y, al año siguiente, vuelve a
ocupar México, esta vez definitivamente.

Casi por las mismas fechas, otros aventureros, los
hermanos Pizarro y Almagro, se dirigen hacia el sur del
continente en busca de El Dorado, una tierra fabulosa
en la que todo sería oro y plata. En 1532, llegan hasta

el Imperio de los incas, derrotan a los indios y se hacen dueños del país después de ocupar su capital, Cuzco (1533).

Así, hacia 1550, España posee dos inmensos y ricos imperios, base de las futuras expediciones que le permitirán ampliar después sus conquistas en el continente y el Pacífico. Este imperio colonial, el primero de la época moderna, se organiza rápidamente en torno a unas estructuras políticas y administrativas que sustancialmente tendrán vigencia hasta la emancipación de las colonias, a principios del siglo XIX.

La base está constituida por los cabildos de las nuevas ciudades fundadas por los conquistadores. El Estado está representado por una serie de funcionarios: gobernadores, alcaldes mayores, corregidores y por tribunales de justicia: las Audiencias; la primera fue la de

Administración de las colonias

El corregidor (sobre estas líneas) era un funcionario que representaba el poder real en las grandes ciudades. La institución pasó a América donde los corregidores eran sometidos al control de los virreyes y las audiencias. En la ilustración del centro, antiguo palacio del Virrey de Nueva España.

La Casa de Contratación

De origen italiano, pero avecindado en Sevilla, Américo Vespuccio (1454-1512) realizó varios viajes de descubrimiento. En 1505 fue nombrado director de los servicios de la Casa de Contratación de las Indias, cargo que desempeñó hasta su muerte. Publicó muchas relaciones de aquellas expediciones, lo cual le dio gran fama en Europa, hasta tal punto que, en 1507, se propuso dar su nombre, América, al continente descubierto por Colón.

Santo Domingo, fundada en 1511; luego se instalarán otras en México, Guatemala, Panamá, Lima, Santa Fe de Bogotá... Las audiencias constituyen distritos administrativos por encima de los cuales están los dos virreinatos creados en el siglo XVI en los territorios más importantes y ricos del imperio: el de Nueva España, con sede en México, y el de Lima, en Perú.

En la Península, el Consejo de Indias viene a ser una especie de ministerio colegial para la política colonial, con una doble misión: la de dirección y la de control por medio de los visitadores.

Desde un principio, la explotación del nuevo mundo se realiza sobre dos bases: el monopolio y la preferencia dada a las minas sobre la agricultura.

Las Indias forman parte de la Corona de Castilla (*«A Castilla y León nuevo mundo dio Colón»*); los extranjeros, desde luego, pero también los súbditos no castellanos de la monarquía (aragoneses, catalanes, valencianos...) quedan excluidos teóricamente: no pueden emigrar a América ni hacer comercio con ella. La Casa de Contratación de Sevilla, fundada en 1503, es la institución encargada de velar por el monopolio castellano. Ella controla las exportaciones: todo lo que sale para Indias debe pasar por Sevilla; y las importaciones: todo lo que llega de América debe transitar por Sevilla antes de ser distribuido en la Península y Europa.

Los conquistadores fueron a las Indias atraídos por el señuelo de un enriquecimiento rápido y fácil. Al establecer su autoridad en los territorios americanos, la Corona actuó de la misma manera. De ahí la prioridad que se dio al subsuelo sobre el suelo, a las minas sobre la agricultura, esta última en el siglo XVI fue relativamente descuidada. En cambio, las minas de metales preciosos que se descubrieron en México (Zacatecas) y en Perú (Potosí) atrajeron a emigrantes, negociantes y aventureros; no fue una casualidad que aquellos dos territorios constituyeran los primeros virreinatos del imperio.

La conquista se llevó a cabo en muchos casos por medios violentos; la colonización utilizó una mano de obra india sometida a condiciones de trabajo muy duras. Por otra parte, en España eran muchos los que pensaban que había que desterrar el paganismo de las Indias y convertir a los habitantes al catolicismo. La labor evangelizadora y misionera de las órdenes religiosas fue ingente pero chocaba con la explotación económica de los indígenas. Todo ello dio lugar, en el siglo XVI, a una polémica que enfrentó a los conquistadores y sus descendientes con todo un sector (teólogos, universitarios e intelectuales) cuyo más alto representante fue el padre Las Casas, este sector criticaba duramente la conducta y la codicia de los primeros. Se trata de lo que un historiador norteamericano ha llamado la *lucha por la justicia*, que está inspirada en una doble consideración: la opresión y la violencia no son sólo injustas e inmorales; son además económicamente desastrosas, ya que llevan al aniquilamiento o debilitamiento de las fuerzas productivas. Los teólogos de Salamanca van más allá, y plantean un problema de fondo: ¿con qué derecho y con qué títulos una nación como España puede imponer su dominación sobre otras naciones, aunque estén pobladas por paganos? En aquel debate, la Corona procuró establecer normas para proteger a los indios contra los abusos; ello dio lugar a las famosas Leyes de Indias que no siempre se llegaron a cumplir debidamente.

Las Leyes de Indias

Los aztecas que dominaban México cuando Cortés llegó a América habían desarrollado una civilización original que, por ciertos aspectos (la organización política, social, económica), llenó de admiración a los conquistadores; otros aspectos de su religión, en cambio, les causaron horror; éste fue el caso de los sacrificios humanos en las pirámides.

Una economía expansiva pero deficiente

La sociedad española del siglo XVI no ha sido ni rutinaria ni estancada, sino todo lo contrario: innovadora y expansiva. Dos testimonios de mediados de la centuria llaman la atención sobre estos aspectos. Dice el primero:

> «Esta tacha tenemos universalmente todos los de la nación española, y mayormente los castellanos, que somos muy grandes amigos de novedades e invenciones, y así en los trajes, en las cortesías, en las salutaciones y generalmente en todo lo que hacemos y tratamos, tenemos tan poca perseverancia que nuestra propia lengua nos enfada.»

Y el segundo:

> «Ya la mayor parte del mundo está puesta en tráfagos y compras y arrendamientos. No sólo ciudadanos, labradores y mer-

Gran parte de los campesinos eran solariegos, es decir que vivían y trabajaban un solar que pertenecía a un señor; tenían que pagarle fuertes contribuciones en especie o en dinero.

3

caderes, mas hidalgos que con oficios no debidos se mantienen en tratos y mercaderías.»

Efectivamente España es relativamente rica en aquella época. Dispone por lo menos de dos recursos valiosos: una fuerte producción de lana de excelente calidad, proporcionada por los millones de corderos «merinos» de la Mesta, la poderosa corporación de ganaderos transhumantes; y los metales preciosos (el oro, pero sobre todo la plata) que le suministran sus posesiones coloniales de América. A pesar de estas condiciones favorables, España no aprovecha la oportunidad para transformarse en una nación moderna e industrial. Ello no se explica por causas temperamentales (el español es tan capaz como cualquier otro para dedicarse a las actividades económicas), sino por circunstancias coyunturales que impidieron o dificultaron seriamente el tránsito hacia un desarrollo de signo moderno.

La expansión económica

La España del siglo XVI fue una gran productora de lana; parte de aquella producción era exportada al extranjero, otra parte se labraba en talleres, principalmente en Cuenca, Toledo y, sobre todo, Segovia.

45

La demografía

La población

A principios del siglo XVI, la población española sería de unos seis millones de habitantes; a finales de la centuria de unos ocho millones, por lo menos. Estos números redondos exigen varias consideraciones:

1) El crecimiento demográfico a lo largo del siglo XVI es indudable; esto confirma la prosperidad general del período. No olvidemos que en una sociedad de Antiguo Régimen como la española del siglo XVI, el hombre es a la vez contribuyente, productor y soldado; cuantos más hombres tenga una nación, tanto más se beneficiará en riqueza y potencia. En este sentido no es exagerado afirmar que el crecimiento demográfico es la base de la hegemonía española en aquella época.

2) Los territorios de la Corona de Castilla representan el 65 por 100 de la superficie total de la península ibérica, y albergan al 75 por 100 de su población total (incluido Portugal). El número de habitantes por kilómetro cuadrado es de 22 en Castilla, de 16 en Portugal, de 15 en Navarra y sólo de 13 en la Corona de

Al convertirse en capital del reino, en 1561, Madrid vio crecer el número de sus habitantes, pero la ciudad tardó mucho en disponer de las instalaciones propias de una gran metrópoli.

Aragón. Por lo tanto el crecimiento demográfico de España es sobre todo un crecimiento de Castilla, lo cual explica el carácter marcadamente castellano de la hegemonía española en el siglo XVI.

3) Dentro de la Corona de Castilla, conforme se avanza en la centuria, se aprecia un desplazamiento lento de norte a sur, en torno a una línea que va de Bilbao-Santander a Sevilla-Cádiz, pasando por Burgos, Valladolid, Toledo y Córdoba: éste es el eje central de la vida económica, social, cultural e incluso política de la España del siglo XVI. Hacia 1540-1550, las mayores densidades de población se sitúan en el centro de la Meseta, en tierras de Valladolid, Palencia, Segovia y Ávila; hacia 1590, la zona andaluza (con la excepción de Granada) conoce un crecimiento más fuerte, hecho que se explica por el atractivo del comercio con Indias, concentrado en el puerto de Sevilla.

La demografía

La inmensa mayoría de la población de España vivía en el campo y de las labores agrícolas.

47

El campo

Labradores y ganaderos

El crecimiento demográfico se traduce en un crecimiento urbano. Ya en la *Celestina*, obra escrita a finales del siglo XV, se hace referencia a «aquel derribar y renovar edificios» en los centros urbanos. La tendencia continúa a lo largo del siglo XVI y ciudades como Valladolid, Segovia, Toledo, Sevilla... ven su población aumentar en proporciones significativas. A pesar de todo, la inmensa mayoría de los españoles viven en el campo y de las labores del campo. La necesidad de alimentar con productos agrícolas (esencialmente cereales, aceite y vino) una población creciente, obliga a cultivar más tierras que antes, pero esta preocupación encuentra dos limitaciones: la desigual fertilidad de los suelos y la competencia con las exigencias de la ganadería transhumante.

De manera general, la producción cerealística crece constantemente hasta los años 1580, no por aumento de los rendimientos (que siguen siendo bajos), sino por la extensión de la superficie cultivada. Lo mismo cabe decir de la vid en la Rioja, en la ribera del Duero, en La Mancha (ya en el siglo XVI, la zona de Valdepeñas

Como muchas ciudades de la época, Valladolid estaba muy vinculada con el campo, que llegaba hasta las mismas puertas de la urbe.

VALLISOLETVM.

es famosa por sus vinos), en Cataluña, en Andalucía. Otro cultivo en expansión es el olivar, no sólo en Andalucía sino también en el reino de Valencia, en la Alcarria, en La Mancha, etc. El cultivo del arroz y de la caña de azúcar se da sobre todo en Valencia. En cuanto a las moreras, destinadas a abastecer las sederías, constituyen prácticamente un monocultivo en la comarca de Murcia.

La expansión agrícola encuentra hacia 1580 dificultades cuando se agotan las posibilidades de nuevas roturaciones, pero ya desde hacía muchos años los labradores se enfrentaban también a los ganaderos por el aprovechamiento de las tierras.

La labranza y la ganadería son actividades complementarias: la carne es un producto esencial en la alimentación, sobre todo entre las clases acomodadas; el cuero es la base de una actividad artesanal intensa y no digamos la lana. De ahí que la legislación procurase mantener un equilibrio entre ambas actividades, por ejemplo, protegiendo la conservación de las llamadas dehesas boyales que servían para el pasto.

El campo

Durante la Reconquista, los reyes confiaron la defensa de la zona situada al sur de Toledo a las Órdenes militares que dispusieron así de inmensos territorios; la de Santiago obtuvo el campo de Montiel, la de Calatrava el campo del mismo nombre.

La Mesta

La agrupación de ganaderos transhumantes del reino, la Mesta, alcanzó su apogeo durante el reinado de Carlos V. La lana de los merinos era muy cotizada por su calidad en el mercado internacional.

La ganadería transhumante tiene en la Mesta su protector natural. Se trata de una organización compleja que regula el paso de los rebaños (cerca de tres millones de corderos a principios del siglo, unos dos millones a finales) desde los «agostaderos» situados en las sierras leonesas y burgalesas hasta los «invernaderos» de Extremadura y viceversa. Las cañadas son objeto de un cuidado especial; está prohibido transformar en tierras de labranza cercadas, los pastos necesarios para el ganado, y éste fue un punto de fricción que, en ocasiones, provocó tensiones y conflictos: la escasez de tierras laborables llevó en muchos casos a destrozar pastos y cañadas y contribuyó así, sobre todo en el último tercio de la centuria, a agudizar la rivalidad tradicional entre labradores y pastores.

Problema clave para el campesinado fue el de la tierra y su aprovechamiento. Por lo general, los municipios disponían de tres categorías de tierras:

— los «baldíos», que eran de uso colectivo y común para los habitantes del municipio, principalmente los pobres y desamparados;

— las tierras «concejiles»: las dehesas para el ganado, el ejido para el trillo, prados y montes;

— los «propios», es decir tierras consideradas como propiedad colectiva del municipio, que podía arrendarlas o venderlas a particulares con ciertas condiciones.

Estas tres categorías de tierras comunes se ven sometidas a una fuerte presión en el siglo XVI por parte de grupos sociales que procuraban reservárselas para su explotación exclusiva. Para cubrir el déficit crónico de la Hacienda real, el rey autorizó a los municipios a vender parte de sus baldíos, práctica que se hizo muy frecuente en torno a 1585-1590.

Otras propiedades muy codiciadas eran las del Estado (realengo) y, sobre todo, las que pertenecían a las Órdenes militares (Santiago, Calatrava, Alcántara) en Extremadura. Para pagar el coste creciente de su política exterior, el rey también expropió parte de este patrimonio a favor de particulares, que se convertían en nobles, y señores de vasallos. Así fue cómo la villa de Pastrana fue vendida en 1541 a un miembro de la poderosa familia de los Mendoza. Esta práctica alcanzó grandes proporciones en el último tercio de la centuria.

La tierra

En Pastrana tuvo su palacio (en la imagen) el príncipe de Eboli, Ruy Gómez da Silva, consejero de Felipe II, que hizo mucho por convertir la comarca en una zona próspera, con los moriscos desterrados de Granada que desarrollaron la industria de la seda.

Los labradores

El exceso de población en el siglo XVI provocó la formación de unos grupos de mendigos que iban de una ciudad para otra en busca de limosnas. Todos los proyectos de utilizar esta mano de obra con fines económicos fracasaron, dado el escaso desarrollo de la industria.

Por todos estos motivos, la situación del campesinado pobre parece que empeoró a lo largo de la centuria. Muchos campesinos se vieron obligados a pedir dinero prestado para comprar sementera e instrumentos de labor, o simplemente para pagar los impuestos o deudas anteriores; para ello compraron censos, es decir empeñaron e hipotecaron las pocas tierras que poseían. Al no poder cumplir con los plazos, se vieron despojados de sus propiedades y reducidos a la condición de arrendadores.

Esto explicaría en parte la difícil situación del campo español a fines del siglo XVI, tal como se nos presenta, en un cuadro tal vez exagerado, en las Cortes:

«Se ha disminuido el número de labradores y se siembra de tres partes las dos menos de lo que se solía.»

Asimismo, continúa diciendo cómo los labradores:

«han venido a tomar fiado lo que siembran (...) andan desnudos y descalzos los más de ellos y muertos de hambre (...) muchos han vendido a menos precio sus mulas y bueyes y se han desavecindado y dejado sus mujeres e hijos perdidos y a pedir limosna...»

Manufactureros y exportadores

Si dejamos aparte el sector de la artesanía que cuenta con numerosos talleres de todo tipo entre los cuales destacan algunas especialidades como la pañería, el cuero y la artesanía de lujo (joyería y platería), tres actividades sobresalen en la economía industrial (mejor dicho preindustrial) de la España del siglo XVI: las minas, la seda, la lana.

La siderurgia tiene su centro principal en el país vasco, dada la abundancia de minas de hierro. La situación militar, con las incesantes guerras que tuvo que mantener España y la consiguiente necesidad de cañones y bolas de hierro para la artillería, constituyó un serio estimulante, aunque parte de la producción de hierro quedó reservada a la exportación.

Las armas de fuego aparecieron a finales de la Edad Media y causaron una revolución en el arte militar. El arcabuz (en la imagen) era un arma portátil a la que se daba fuego por medio de una palanca, como se ve en el grabado.

53

La industria textil tuvo muchas veces un carácter familiar y rural. Los comerciantes compraban la lana, la daban a hilar y tejer en pequeños talleres artesanales y se reservaban la venta de paños y tejidos.

La sedería tiene su arraigo en la tradición musulmana todavía importante en las zonas pobladas por moriscos, como Valencia y Granada. La cría de capullos se realiza en las Alpujarras, Granada, Valencia y Murcia; la transformación del producto en seda es peculiar de las comarcas citadas y de algunas otras ciudades, por ejemplo, Toledo, Talavera de la Reina y Cuenca, entre las principales, pero gran parte de la producción se vende en el extranjero.

En cuanto a otra de las ramas de la industria textil, el trabajo de la lana, la encontramos repartida en muchas ciudades con una especial concentración en Cuenca y, sobre todo, en Segovia. También este producto forma, con la seda, una partida importante de las exportaciones de España.

El comercio internacional ocupa un lugar predominante en la economía española de la época. Este comercio está organizado de una manera estricta, con tendencias monopolistas, por grupos de negociantes (los mercaderes), entre los cuales destacan los burgaleses y banqueros extranjeros, como los genoveses, y utiliza dos instrumentos para desarrollar sus actividades: la banca y las ferias.

El sector bancario conoce un auge extraordinario, en gran parte por la necesidad de cambiar fácilmente las monedas en uso en los diferentes Estados de Europa. Durante el siglo XVI, España recibió de América cantidades crecientes de oro y plata, las famosas remesas de Indias que, a su llegada a Sevilla, se almacenaban primero en la Torre del Oro. Parte de este metal sirvió para consolidar la moneda castellana que, desde la reforma llevada a cabo en 1493 por los Reyes Católicos, tuvo la primacía en toda Europa con la creación del ducado, moneda de oro que tenía un valor equivalente a 375 maravedises, y del real de plata, que valía 34 maravedises. En 1534, Carlos V crea el escudo, también de oro, tasado en 350 maravedises.

El fuerte poder de la moneda española así como las necesidades de la política imperial (había que transferir a Italia, Alemania o Flandes grandes cantidades para pagar los ejércitos y demás gastos de guerra) incitaron a

La moneda

De México y el Perú llegaron a Sevilla, durante el siglo XVI, ingentes cantidades de oro y, sobre todo, de plata que se depositaban en la Torre del Oro, a orillas del Guadalquivir, para ser fiscalizadas y acuñadas en monedas.

Los asientos

compañías extranjeras a interesarse por España: alemanas como los Welser y los Fúcares, genovesas como los Bonvisi o los Centurione, atraídas además por las perspectivas que ofrecía el lucrativo comercio con Indias. Así se organizó el mecanismo de los asientos: los banqueros extranjeros se encargaban de adelantar al rey las cantidades que le hacían falta y llevarlas donde había que utilizarlas; en contrapartida, se les recompensaba, con notable beneficio este servicio, con parte de las remesas que llegaban a Sevilla. Estas transacciones, lo mismo que todo el gran comercio internacional, se realizaban en las ferias que se celebraban en Medina del Campo.

La situación que acabamos de resumir presenta aspectos claramente positivos: España, en el siglo XVI, dis-

Los Fugger (Fúcares) de Augsburgo actuaron como banqueros al servicio de España desde principios del reinado de Carlos V quien les concedió varios privilegios, entre ellos el arriendo de los pastos de Extremadura y la mina de azogue de Almadén. Sobre estas líneas, Cristóbal Fúger.

pone de una economía y de una moneda saneadas, con importantes reservas de metal precioso que le llegan continuamente de América. Sin embargo, no aprovechó aquella coyuntura para transformarse en una nación industrial; al contrario, llevó a cabo una política económica que se puede definir por dos aspectos: exportación de materias primas (hierro, seda, lana) e importación de productos manufacturados, como los paños y tejidos fabricados en Flandes. En varias ocasiones, las Cortes dieron la voz de alarma ante el número creciente de desocupados, vagos y mendigos que iban de una ciudad a otra en busca de limosnas. Se pensó en fijar a esta población errante dándole trabajo, ya que, como se dijo entonces: «antes faltan trabajadores que trabajo», pero todos los intentos en este sentido fracasaron

Una coyuntura desaprovechada

En la imagen Central, *La feria de Madrid*. El cuadro es del siglo XVIII, por tanto muy posterior a la época que estudiamos, pero da una idea del ambiente de las ferias donde se desarrollaban en determinadas ocasiones toda clase de transacciones entre mercaderes y compradores. Por lo general no se pagaban impuestos (alcabalas) en las ferias francas (es decir: libres de tributos).

57

El señuelo de América atrajo a gran número de emigrantes, conquistadores, misioneros, funcionarios, o simplemente aventureros deseosos de medrar, que acudían a Sevilla en busca de una oportunidad.

porque la prioridad dada a las exportaciones dificultaba o imposibilitaba un desarrollo industrial coherente; España prefería comprar a precio de oro —ya que tenía esta posibilidad— lo que necesitaba antes de producirlo ella misma. El ocio forzoso, lo que hoy llamaríamos el paro, a falta de puestos de trabajo, fue la consecuencia más inmediata de aquella situación, que iba a alcanzar en el siglo siguiente proporciones alarmantes. Si España no entró en el siglo XVI en las formas clásicas del capitalismo, no fue porque sus habitantes se dedicaran al ocio y a la holganza, sino porque no encontraron los empleos necesarios. Esta mano de obra desocupada se tradujo en una oferta grande de servicios para las casas de los nobles y ricos.

En este «cortocircuito» económico desempeñaron un papel fundamental los banqueros extranjeros. Hasta 1566, las leyes que prohibían la salida de moneda al

extranjero impidieron a los banqueros llevarse fuera de la Península los importantes beneficios que les daban las importaciones y los asientos con el rey; no tuvieron pues más remedio que invertir estas cantidades comprando productos de la tierra (lana, seda, trigo, aceite, vino, hierro, cueros...) porque estos productos sí que podían llevárselos fuera. Estas operaciones constituyeron un aliciente para la agricultura española que conoció en aquella época un período de crecimiento. Sin embargo, en 1566, Felipe II se vio obligado a hacer concesiones a los banqueros extranjeros para seguir utilizando sus servicios y les autorizó a exportar metales preciosos. Estas concesiones, así como la bancarrota de 1575, trajeron consigo una serie de quiebras e iniciaron un período de crisis que iba a prolongarse hasta finales del siglo.

Una coyuntura desaprovechada

Los que necesitaban dinero para comprar una casa, una heredad o para desarrollar una actividad agrícola o artesanal podían tomarlo prestado a un interés relativamente bajo (7 por 100) mediante un censo, es decir un contrato de tipo hipotecario. Cuando no se disponía de bienes que hipotecar, no había más remedio que acudir a los usureros que exigían unos intereses mucho más elevados.

59

4

Una sociedad aristocrática, culta e inquisitorial

Las armas y las letras

Desde los Reyes Católicos, el Estado cuenta con dos categorías principales de funcionarios: de toga, y de capa y espada, es decir, profesionales del derecho (letrados) que se han graduado en las universidades y hombres de las capas inferiores de la nobleza (hidalgos o caballeros). En cuanto a la alta nobleza, los Grandes se ven apartados de las responsabilidades políticas y ocupan preferentemente altos cargos militares y diplomáticos (mandan los ejércitos y las armadas, son embajadores...), puestos en los que tienen más ocasiones de gastar su Hacienda que de enriquecerse. Como escribirá el conde-duque de Olivares, en 1624, de Felipe II:

«Le pareció bien bajarlos más (...) de manera que a unos con embajadas y ocasiones de gastos y a otros con la mano de estos ministros [los letrados], los redujo a tan gran carga de hacienda que (...) les fuera forzoso el no alzar cabeza por la falta de hacienda grande.»

Los caballeros representaban el escalón intermedio de la nobleza entre los Grandes y los simples hidalgos. Los más prestigiosos eran los que pertenecían a una de las Órdenes militares; el hábito les daba rango de caballeros; luego podían ascender a comendadores, es decir titulares de una encomienda, un señorío que les proporcionaba ingresos saneados.

60

Esta norma sigue vigente en todo el siglo XVI: los reyes gobiernan con la nobleza media (letrados, clérigos, caballeros). Vemos así desarrollarse una rivalidad, una competencia, una lucha de influencias entre el brazo militar y los civiles. Los nobles ven con desgana cómo los letrados dirigen el Estado, pero los letrados envidian el prestigio social de los hidalgos y no piensan sino en alcanzar ellos mismos el privilegio de hidalguía. Esta es la doble cara de la centuria: la aristocracia tiene la impresión de que se le quita algo que debería serle reservado, el mando político, y sin embargo nunca su prestigio fue tan grande como entonces. Los letrados ocupan puestos importantes en la administración, se enriquecen aprovechando su influencia y su poder, compran tierras, pero se avergüenzan de sus orígenes plebeyos y acaban adoptando el modo de vida de los nobles, su mentalidad, y procuran incorporarse cuanto antes a la nobleza, adquiriendo un título de hidalguía. Muchos mercaderes ricos hacen otro tanto.

La nobleza ocupa indiscutiblemente el primer lugar en la sociedad. Su potencia económica y su influencia

Una sociedad aristocrática

En este detalle del célebre cuadro de El Greco *El entierro del Conde de Orgaz* dos de los caballeros ostentan en su pecho la cruz roja en forma de espada, distintivo de la Orden de Santiago, la más prestigiosa de las Órdenes militares.

Una sociedad aristocrática

La Reconquista fue también una cruzada; por ello se crearon los monjes-soldados. En el siglo XVI los caballeros de las Órdenes militares (Santiago, Calatrava y Alcántara, en Castilla y Montesa en Aragón) ya no tenían carácter religioso. Un título (el hábito) y sobre todo una encomienda proporcionaban gran prestigio al mismo tiempo que rentas importantes.

social son considerables. Posee propiedades inmensas, latifundios, que le proporcionan rentas sustanciales. No todos los nobles, sin embargo, disfrutan del mismo prestigio. Existe toda una jerarquía que puede establecerse así:

— en primer lugar, los grandes títulos (duques, condes, marqueses...): unas treinta casas al principio de la centuria, el doble al final;

— luego los caballeros, entre los cuales podemos distinguir por lo menos tres grupos: 1) los miembros de las órdenes militares (Santiago, Calatrava, Alcántara); 2) los señores de vasallos, dueños de señoríos que les pemiten cobrar rentas y derechos feudales; 3) la oligarquía urbana de los regidores de las grandes ciudades.

—A los que no tienen títulos ni son señores de vasallos ni caballeros de alguna Orden se les designa simplemente como hidalgos. En el siglo XVI, la distinción caballero-hidalgo parece reducirse a una diferencia de fortuna: el noble sin grandes bienes es hidalgo; en cuanto dispone de tierras asciende a caballero.

Todas aquellas categorías de nobles gozan de gran prestigio social y notables privilegios, ya que la sociedad del siglo XVI es una sociedad estamental, fundada en el privilegio, y el privilegio esencial es la exención fiscal: el noble no contribuye en los servicios o impuestos (pechos). Todas las diferencias vienen a reducirse a ésta: se es hidalgo o pechero.

La hidalguía —o sea la exención fiscal— es el signo visible de la nobleza, que permite obtener otras ventajas como honores, prestigio… De ahí el ahínco con que se procura alcanzarla cuando no se tiene por derecho propio o herencia familiar.

Existían medios ilícitos para ingresar en la categoría de los hidalgos, tales como el soborno de los oficiales municipales encargados de establecer la lista (el padrón) de los pecheros o contribuyentes; a veces bastaba con mudarse de domicilio, irse a vivir donde uno no era conocido y, de esta forma, hacerse pasar por hidalgo. Como decía un humorista de la época, ser noble es a veces «ser de cincuenta leguas de aquí». Pero también había medios totalmente legales. Se podía, por ejemplo, comprar una hidalguía; la Corona recurrió a este procedimiento varias veces para hacer frente al déficit crónico de sus ingresos. Pero este procedimiento tuvo un éxito limitado: comprar la hidalguía con dinero tenía sus inconvenientes; se preferían modos menos directos. El principal de ellos era la adquisición de algún señorío, ya que también la Corona puso en venta a lo

Una sociedad aristocrática

El Quijote (1605) de Cervantes significa a un tiempo la censura de una España aferrada a valores anticuados (la hidalguía) y la añoranza de una época en la que el heroísmo, el esfuerzo personal y la caballerosidad todavía no habían sido desplazados por otras preocupaciones.

La población de Vizcaya, cuna de la Reconquista, se jactaba de estar compuesta toda de nobles e hidalgos. Sin embargo, las condiciones económicas obligaron a muchos vizcaínos, en el siglo XVI, a emigrar hacia el centro o el sur de la península en busca de empleos para mantenerse. Tipos vizcaínos en un grabado de la época.

largo de la centuria tierras expropiadas al patrimonio Real, a la Iglesia o a las órdenes Militares. Algunos oficios reales y determinadas profesiones conferían también la exención de impuestos, o sea el privilegio de hidalguía; éste era el caso de los que habían obtenido el título de doctor en una de las tres grandes universidades del reino (Salamanca, Alcalá de Henares, Valladolid) y de muchos letrados.

El resultado de aquel afán de hidalguía fue que la proporción de los hidalgos iría subiendo continuamente. Comarcas enteras, como la Montaña de Santander o Vizcaya, se consideraban como tierras de hidalgos. En el reino de León y en Asturias, los hidalgos eran tan numerosos como los pecheros; en Burgos, una cuarta parte de la población estaba compuesta de hidalgos. La inmensa mayoría de aquellos hidalgos vivía en los centros urbanos; mucho menos numerosos eran los que residían en zonas rurales, y es esta minoría la que ha dado lugar a la imagen del hidalgo pobre tan difundida por la literatura, pero que, en realidad, no corresponde a los hechos; así vemos cómo el caso general es, por el contrario, que se establezca una correlación entre hidalguía y riqueza.

De todas estas consideraciones se pueden sacar dos conclusiones:

1) El estamento nobiliario goza de un prestigio considerable. Hubo burgueses, muchos y poderosos, enriquecidos por el comercio con Europa o con Indias, pero casi todos prefirieron, en cuanto pudieron hacerlo, volverse hidalgos: «rabian y mueren por la caballería», es decir por la nobleza, escribe un moralista de la época. Muchos lo consiguieron, lo cual demuestra cierta movilidad social en la época: la sociedad del XVI es todavía una sociedad relativamente abierta en la que el acceso a las clases privilegiadas no está aún definitivamente cerrado. Hubo así un reforzamiento del régimen señorial en el siglo XVI que se tradujo generalmente en una mayor presión social sobre los campesinos y los vasallos: «en lugar de señorío no hagas tu nido» —dice un refrán—, lo que explica los movimientos antiseñoriales que acompañaron, por ejemplo, a las dos rebeliones de principios del reinado de Carlos V, la de las Comunidades y la de las Germanías. También es verdad que, en ocasiones, los señores acogieron en sus pa-

lacios a muchos servidores que no tenían otro modo de ganarse la vida. Se cuenta que le aconsejaron a cierto Grande, despedir a algunos de sus criados porque tenía demasiados y no podía mantener a todos; miró la lista y comentó:

«Estos se queden porque los he menester y estotros también porque ellos me han menester a mí»...

2) La proporción de hidalgos entre la población (un diez por ciento del conjunto) es importante. Como casi todos ellos son grandes propietarios, letrados ricos, mercaderes adinerados, resulta que los que tienen la riqueza no contribuyen; la carga tributaria recae sobre todo en el campesinado y los pobres. Esta es pues otra de las características de la sociedad estamental del siglo XVI: es una sociedad terriblemente injusta en la repartición de los impuestos; ser campesino o pobre es en aquel tiempo una maldición. La sociedad del Renacimiento ha reforzado los valores nobiliarios y acentuado el desprecio hacia el trabajo manual y las actividades mecá-

No siempre la producción cerealística pudo abastecer las necesidades de una población en crecimiento continuo. En años de mala cosecha la situación se volvía muy delicada con hambre y malnutrición que venían a empeorar las crisis de epidemias y las pestes de las que se conocen varias oleadas en el siglo XVI: 1540, 1546, 1555-1557, 1566, 1575-1578 y, sobre todo, 1597-1600, la más mortífera.

nicas. El nacer pobre, como escribirá en el siglo siguiente Quevedo, era efectivamente un delito.

Aparte de la nobleza, existe otra categoría privilegiada, el clero, con su estricta jerarquización que comprende: una cúpula de prelados (arzobispos, obispos, abades de las órdenes religiosas), muchas veces emparentados con la nobleza; un sector medio, por así decirlo (canónigos, prebendados...), y una masa de frailes, párrocos, sacerdotes o simples tonsurados. Sin embargo, el clero, a diferencia de la nobleza, sí que aportaba su contribución al Estado, aunque de un modo indirecto: le entregaba la tercera parte de los diezmos que cobraba de los campesinos, el producto de la venta de bulas de indulgencia (la más conocida era la bula de la cruzada, teóricamente destinada a costear la lucha contra los infieles), y además se veía forzado en repetidas ocasiones a ofrecer un donativo que era en realidad un impuesto disfrazado.

El Clero

El clero constituía un estamento privilegiado dividido en dos sectores: el clero secular (obispos, canónigos, curas) y el clero regular (las órdenes religiosas: franciscanos, dominicos, jesuitas, etcétera).

67

La Hacienda

La marina tuvo gran importancia en la España del siglo XVI para mantener las relaciones entre la Península y los diversos territorios del imperio: Flandes, Italia, las Indias. Para América se estableció el sistema de flotas y galeones (carrera de Indias), en la que los galeones iban escoltados por buques de guerra. En el Mediterráneo, el mayor peligro vino, hasta Lepanto (1571), de los turcos y sus aliados, los corsarios berberiscos del norte de Africa.

La carga tributaria se vuelve más fuerte a lo largo de la centuria, en gran parte a causa de la política imperial que España está llevando a cabo desde 1520. Los gastos ordinarios del Estado se reparten en cuatro categorías principales:
— casas reales, corte y administración;
— pago de deudas;
— mercedes, limosnas, obras pías;
— varios.

A estos gastos ordinarios hay que añadir los extraordinarios motivados por la política exterior y las continuas guerras. En 1598, los gastos de la administración y la casa real ascendían a 800.000 mil ducados y los gastos de guerra a 5.500.000 (de ellos 3.600.000 para Flandes).

Para sufragar estos gastos el Estado cuenta con una serie de ingresos regulares:
— los impuestos directos, o servicios, autorizados por las Cortes;
— los impuestos indirectos sobre las compra-ventas: las alcabalas;
— los derechos de aduanas;
— las regalías: minas, salinas, jabonerías;
— las rentas de origen eclesiástico: el tercio de los diezmos pagados al clero; la bula de la cruzada; los donativos (en realidad se trataba más bien de impuestos forzados) del clero;
— las remesas de oro y plata procedentes de América.

En ningún momento las rentas del Estado permitieron hacer frente a los gastos. Para compensar el déficit crónico, los reyes recurren a varios procedimientos: venta de tierras del patrimonio real o de hidalguías y sobre todo empréstito; la deuda contraída con particulares (juros) o con banqueros, extranjeros en su mayoría, sigue una curva creciente; así y todo, no siempre permitió al Estado salir de apuros. La situación se volvió crítica después del fracaso de la Armada Invencible (1588). Felipe II pidió entonces a las Cortes la creación de un nuevo impuesto, llamado servicio de millones porque se trataba de una contribución de ocho millones de ducados a cobrar en seis años. Se trataba, en teoría, de un impuesto universal (los privilegiados tenían la obligación de contribuir).

Resumiendo, el siglo XVI representa en la historia de España una época de crecimiento económico que dura más o menos hasta el año 1580. Claro está que dicha prosperidad distó mucho de ser repartida equitativamente entre los españoles, la proporción creciente de hidalgos exentos hizo que la carga tributaria recayese fundamentalmente sobre los campesinos y los pobres. La llegada de metales preciosos de América permitió a España resolver en parte sus problemas financieros, pero esta facilidad monetaria no debe ocultar un mal profundo: al no disponer de una industria sólida y eficaz, España comenzó a depender cada vez más de otras naciones europeas. La plata americana le permitió comprar en el extranjero los artículos que le hacían falta y que no producía. De esta forma, y como modo de subsanar las deudas contraídas, la plata salía fuera del reino poco después de haber entrado en él. Los españoles se percatarían pronto de que los extranjeros les estaban explotando como ellos explotaban las Indias.

La Hacienda

Las minas constituyeron siempre un monopolio real. En América las más ricas (plata) se encontraron en el Perú (Potosí llegó a tener 150.000 habitantes en el siglo XVI) y en México (Zacatecas). La explotación se hacía mediante el trabajo forzado (mita) de los indios.

Conversos, moriscos y protestantes

En el siglo XVI se realiza progresivamente la unidad de fe que los Reyes Católicos habían decidido implantar en España. La limpieza de sangre se dirige contra los descendientes de judíos (conversos) o de musulmanes (moriscos) convertidos al catolicismo, a veces por medios violentos; se reprimen las tendencias religiosas consideradas como afines al protestantismo, en todas aquellas circunstancias la ortodoxia católica se impone con mano dura y recibe el apoyo del Estado que había creado con el tribunal del Santo Oficio de la Inquisición un instrumento eficaz. Fundada por los Reyes Católicos, la Inquisición tenía como cometido velar por la pureza de la fe católica y perseguir a los que se apartaban del dogma tal como quedaba definido por la Iglesia. El Consejo de la Suprema fijaba las normas generales que debían aplicar los tribunales regionales instalados en las

Los Reyes Católicos crearon la Santa Hermandad, institución que en el siglo XVI constituyó una especie de policía rural para luchar contra los salteadores y delincuentes en los campos y despoblados. En la ilustración, fachada de la cárcel de la Santa Hermandad en Toledo.

principales ciudades del reino. Se recogían denuncias contra los sospechosos, se procedía a una investigación durante la cual el acusado estaba totalmente incomunicado y se leían las sentencias frente a un gran público; en los llamados *autos de fe* los reos salían vestidos con el sambenito, un traje infamante que luego se colgaba en la iglesia parroquial. Las penas iban desde una simple multa a la muerte en la hoguera, acompañada de la confiscación de bienes, pasando por una serie de castigos intermedios: destierro, cárcel, galeras...

Contra los descendientes de judíos principalmente se utilizó el arma poderosa de la limpieza de sangre. Para ingresar en determinadas corporaciones o profesiones se necesitaba probar que no se era hijo o nieto de judío. La discriminación encontraba su justificación en la teoría de que muchas conversiones no habían sido sinceras ni totales; había pues que castigar a los herejes —éste era el caso de aquellos judíos que después de su conversión volvían a judaizar, es decir a practicar los ritos judáicos— y evitar toda contaminación de la fe católica. Este prejuicio de la limpieza de sangre se extendió enormemente, afectando a muchos individuos cuyo apego al catolicismo era indudable, y llegó a con-

Los conversos

El auto de fe era un acto solemne y público durante el cual los jueces inquisitoriales pronunciaban las sentencias contra los reos, culpables de delitos contra la fe; terminado el acto, los condenados a muerte eran llevados al quemadero para ser quemados en la hoguera.

Los moriscos

vertirse en una verdadera obsesión en amplios sectores de la sociedad, en el campesinado sobre todo.

La limpieza de sangre también se aplicaba a los moriscos, descendientes de musulmanes, que estaban concentrados en ciertas comarcas —valle del Ebro, reino de Valencia, Granada y las Alpujarras— donde constituían la mayoría de las veces un proletariado rural. Oficialmente todos eran católicos, pero de hecho muchos conservaban sus costumbres tradicionales —sus vestidos, su lengua, sus fiestas— y seguían fieles a la religión musulmana. Se les habían dado varios plazos para renunciar a estas prácticas y asimilarse totalmente a los cristianos. El último de estos plazos expiraba en 1566 para los moriscos del reino de Granada, los más numerosos y también los más reacios. Sometidos a toda clase de vejaciones por parte de los señores, del clero, de los funcionarios reales y de los plebeyos cristianos, los moriscos granadinos se sublevaron a finales de 1568. Fue una rebelión esencialmente rural que tuvo por es-

Los moriscos eran los descendientes de los musulmanes convertidos por fuerza al catolicismo. En el valle del Ebro, en Valencia y en Granada constituían minorías importantes que nunca llegaron a asimilarse totalmente: muchos de ellos seguían hablando árabe y conservando ritos y costumbres musulmanas. Después de varias medidas ineficaces, Felipe III, al principio del siglo XVII, decidió expulsarlos de España.

cenario principal la sierra de las Alpujarras. Tras ser vencidos, los moriscos fueron expulsados de Granada y repartidos por toda Castilla a fin de facilitar su asimilación, pero la medida no tuvo el resultado esperado y, a principios del siglo XVII, en 1609, Felipe III decidió expulsar a todos los moriscos de la Península.

En el siglo XVI, España no quedó al margen del movimiento europeo de renovación religiosa, pero en este terreno las tendencias llamadas heterodoxas —o sea las que se apartaban del dogma oficial del catolicismo— fueron severamente perseguidas por la Inquisición. Los primeros en sufrir el rigor del Santo Oficio fueron los llamados alumbrados que tendían a apartarse de las formas de religiosidad tradicionales, luego los discípulos españoles del humanista holandés Erasmo, que recomendaba una religiosidad menos formalista, y por fin los auténticos protestantes —los hubo— que se descubrieron a mediados de siglo en Valladolid y Sevilla. La defensa de la fe católica en toda su pureza siguió sien-

Sobre estas líneas, el humanista holandés Erasmo, que recomendaba una religiosidad menos rutinaria e interiorizada. Tuvo una serie de discípulos en España durante los primeros años del reinado de Carlos V. A partir de 1530 algunos de ellos se vieron comprometidos por sus relaciones con protestantes y alumbrados. Desde entonces la obra de Erasmo se volvió sospechosa para la inquisición y, en 1559, fue prohibida su lectura.

El Concilio de Trento

Carlos V procuró convencer al Papa y a Lutero de la necesidad de reunir un concilio universal para evitar la ruptura de la unidad religiosa de Europa, pero chocó con muchas resistencias. Cuando el concilio se reunió en Trento (Italia) en 1545, ya era demasiado tarde para llegar a un acuerdo y una reconciliación entre católicos y protestantes.

do una preocupación constante de las autoridades religiosas y del Estado. Finalmente, triunfó la ortodoxia pero sería un error considerar que esta victoria se debió solamente a la intransigencia de la Inquisición; en realidad, el protestantismo no cuajó en profundidad en España; quedó reducido a círculos minoritarios y el catolicismo dio muestras de renovación que se manifestaron de diversas maneras: los jesuitas, fundados por San Ignacio de Loyola, el misticismo de Santa Teresa de Jesús y San Juan de la Cruz, etc. Aparte de esto en la revisión del dogma católico que llevó a cabo el Concilio de Trento, a partir de 1545, la participación española fue eminente. El concilio fijó el dogma en sus aspectos fundamentales (la gracia, la fe, los sacramentos, la misa) y reformó los vicios más evidentes de la Iglesia; recomendó varias medidas para elevar el nivel cultural y moral del clero, atendiendo más cuidadosamente a su formación, que, en cada diócesis, se daría en colegios especializados, los seminarios conciliares. Esta reforma, que por varios siglos serviría de referencia a la Iglesia católica, fue adoptada sin muchos reparos por España; una real pragmática de Felipe II (1564) la declaró ley del reino.

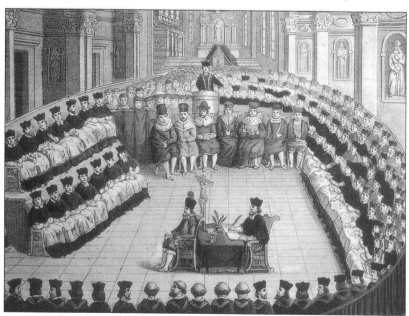

La cultura en la España del siglo XVI

Suele a veces hablarse del siglo XVI como Siglo de Oro. Efectivamente, la expresión aparece en un texto de 1498, y en 1523 en boca de un procurador a Cortes para referirse a la era de prosperidad que se produce en España gracias a los Reyes Católicos o al emperador Carlos V. España, después de la reconquista de Granada, de sus victorias en Italia y del descubrimiento de América, tiene la esperanza de ocupar un lugar destacado e incluso hegemónico en Europa. Esta esperanza provoca el ambiente mesiánico y eufórico que caracteriza a esta época. Sin embargo, al hablar del Siglo de Oro los historiadores piensan más bien en el apogeo de las letras y de las artes, que se sitúa aproximadamente entre 1580, con las primeras obras de Lope de Vega, y 1681, con la muerte de Calderón de la Barca. Aun ateniéndonos a esta última definición, más restringida, del concepto de Siglo de Oro, se puede considerar al siglo XVI como una gran época en la cultura española, un prólogo a la fase brillante del siglo posterior.

En 1492, el humanista Nebrija publicó una gramática castellana, el primer libro de este tipo dedicado a una

75

En el siglo XVI la guerra siguió siendo el oficio natural de los nobles, pero empezaron a formarse ejércitos de profesionales y mercenarios, organizados en unidades de infantería, caballería y artillería (los tercios). El doncel de Sigüenza (en la imagen) representa a un caballero muerto en la última guerra de reconquista, la de Granada.

lengua moderna. En el prólogo, el autor se muestra muy clarividente sobre la expansión del castellano, correlativa a la expansión del reino de Castilla; él lo explica con esta frase: «Siempre la lengua fue compañera del imperio». En efecto a la expansión política de España iba a unirse una expansión de la lengua castellana, que se convierte desde ese momento en lengua española, y una expansión cultural. Autores catalanes o portugueses renuncian a escribir en su lengua materna y prefieren recurrir al castellano que les parece un medio de comunicación más eficaz y más rico en posibilidades.

En la expansión cultural interviene pues el Estado, pero también el clero y la nobleza. Muchos magnates y prelados se transforman en mecenas y protectores de las ciencias y de las artes. Basta referirse a arzobispos como los de Toledo, a nobles que hacen de las villas sedes de sus estados, focos culturales: el duque de Alba en Alba de Tormes, el almirante de Castilla en Medina de Ríoseco, el duque del Infantado en Guadalajara, el conde de Ureña en Osuna, etc. El poderío y la influencia de aquellos magnates explican que en la España del siglo XVI no existiera ni capital política verdadera, ni foco cultural único. Evidentemente, la corte atrae a los mejores artistas por las perspectivas que ofrece, pero esta corte fue durante largos años itinerante. Se veía la necesidad de instalarla definitivamente en un punto fijo, pero se dudaba sobre dónde situar esta capitalidad. Toledo y Valladolid, por su posición céntrica en la Península, presentaban sus ventajas, pero Felipe II zanjó la cuestión en 1561 al decidir que Madrid sería la capital

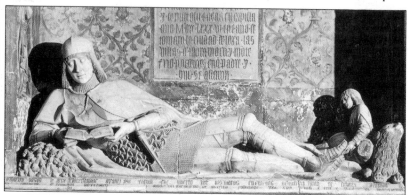

de la monarquía. Unos diez años más tarde, el mismo Felipe II hacía de El Escorial su residencia personal, lo cual, dada la proximidad de Madrid, acabó de consolidar la capitalidad de esta última villa.

Hasta la implantación de la capital en Madrid-El Escorial, se pueden distinguir tres focos culturales en la España del siglo XVI: Castilla, Andalucía y Valencia.

En Castilla, destacan tres centros: Salamanca, Valladolid y Toledo-Alcalá, cada uno de ellos respaldado por centros satélites: Alba de Tormes, Medina de Ríoseco, Sigüenza, Guadalajara.

Lo que da prestigio a Salamanca es su universidad, una de las más antiguas de Europa y la más antigua de España. A finales del siglo XVI siete u ocho mil estudiantes frecuentaban sus aulas, con lo cual la universidad de Salamanca venía a ser la más importante de España y quizá de Europa. Varios mecenas habían contribui do a este éxito con la creación de colegios mayores, en principio destinados a acoger a beca-

La reforma de la orden carmelita llevada a cabo por Santa Teresa en la década de los sesenta del siglo XVI tenía como objetivo una vuelta a la estricta regla conventual; se fundaron así muchos conventos de carmelitas descalzas, es decir reformadas, en distintas ciudades del reino de Castilla. En la ilustración, casa de Santa Teresa en Salamanca.

El estilo plateresco es la típica forma del Renacimiento español inspirado en Italia; las fachadas de los monumentos están esculpidas totalmente con una técnica que recuerda el arte de los orfebres y plateros. Colegio de Santa Cruz en Valladolid.

rios procedentes de los estratos inferiores de la sociedad pero que se convirtieron rápidamente en cotos cerrados de la aristocracia, ya que en ellos se formaban los altos mandos del Estado, de la justicia y de la Iglesia. Las órdenes religiosas también tenían en Salamanca colegios afamados. En Salamanca enseñaron maestros eminentes en todas las disciplinas, principalmente derecho, teología, lenguas antiguas, etc. En las inmediaciones de la ciudad, los duques de Alba transformaron su residencia de Alba de Tormes en una brillante corte cultural; allí nació, a principios del siglo XVI, el primer teatro español con Juan del Encina.

En Toledo, los Reyes Católicos ya habían mandado construir edificios espléndidos como el monasterio franciscano de San Juan de los Reyes. Pero Toledo es la sede del primer y más rico arzobispado de España, lo cual explica el papel de prelados ilustrados que invierten parte de sus enormes rentas en actividades culturales. Cisneros funda la universidad de Alcalá de Henares, la Complutense, foco del humanismo renacentista.

El tercer polo cultural de Castilla se sitúa en Valladolid. La ciudad es la sede de un alto tribunal de justicia,
la Chancillería, y por eso se convierte en capital admi-
nistrativa de los reinos de Castilla. Carlos V reside frecuentemente en ella, lo cual atrae a cortesanos, nobles,
letrados y artistas: orfebrería, platería, pintura, escultu-
ra y teatro son actividades florecientes en todo el siglo
y, sobre todo, en los dos primeros tercios, hasta el tras-
lado de la corte a Madrid. Valladolid también tiene su
universidad, sus colegios mayores, sus conventos, lo
cual le permite ocupar un lugar destacado en la geo-
grafía cultural de la España del XVI.

Siempre en los reinos de Castilla, convendría men-
cionar también a Santiago de Compostela, cuya universidad tendría a finales de la centuria unos tres mil estudiantes, lo cual para la época no estaba mal del todo,
pero Santiago ocupa una posición marginal. En Andalucía se sitúa otro de los grandes focos culturales: Sevilla, ciudad de gran dinamismo en la que se concentra
el comercio con Indias, por lo que mercaderes y aventu-

Valladolid

El castillo de Si-
mancas (en la ima-
gen) sirvió primero
de cárcel para pre-
sos políticos, pero
empezó pronto a
ser archivo de la
Corona. Ya en
tiempos del empe-
rador Carlos V los
consejos y demás
instituciones co-
menzaron a enviar
a Simancas docu-
mentos. Con Feli-
pe II Simancas aca-
bó convirtiéndose
en el archivo oficial
de los reinos de
Castilla.

79

Sevilla

reros abundan en sus calles; allí también residen familias nobles que no desdeñan las posibilidades de enriquecimiento que ofrecen el comercio, la pesca o la agricultura. Esta prosperidad suscita un movimiento artístico e intelectual extraordinario. Se había fundado, a principios de siglo, el colegio-universidad de Santo Tomás, que viene a ser en cierto modo una réplica de la universidad de Alcalá, creación del franciscano Cisneros. El colegio de Sevilla es más tradicional, más fiel a la teología y a la filosofía básica de la orden dominica, lo cual no impide que se convierta en un centro de aproximación y reflexión sobre temas de actualidad, para los cuales Sevilla es un buen observatorio: los mecanismos económicos, los cambios y la banca (¿hasta qué punto son lícitas las ganancias obtenidas con el manejo del dinero?), la inflación (¿qué relación tiene con la llegada de las remesas de oro y plata de América?), etc. En Andalucía encontramos además otros dos centros fundados

Sevilla se convirtió en el siglo XVI en la ciudad más poblada (unos 150.000 habitantes en 1588) y más rica de España a consecuencia del monopolio del comercio americano que le habían concedido los Reyes Católicos; mercaderes y banqueros, lo mismo que aventureros y maleantes, acudían a ella con la esperanza de enriquecerse o embarcarse para América. En la ilustración, detalle del privilegio otorgado por Felipe II a la ciudad de Sevilla (1570).

80

por mecenas: la universidad de Osuna, creación del conde de Ureña, y la de Baeza, que fue encomendada a una de las personalidades más interesantes de la época, el beato Juan de Ávila, espíritu muy abierto, motivo por el cual tuvo algún problema con la Inquisición.

En la Corona de Aragón se encuentra otro gran foco cultural de la España del siglo XVI: Valencia, probablemente la ciudad más importante de España en la primera mitad de la centuria, muy abierta a las influencias de Europa y sobre todo de Italia. Germana de Foix, viuda del rey don Fernando el Católico (quien se había casado con ella después de la muerte de la reina Isabel), fue nombrada por Carlos V virreina de Valencia. En su corte, Germana procuró promover actividades culturales de toda clase: poesía, teatro, música, etc., que hicieron de aquella ciudad durante más de un siglo una verdadera capital intelectual de la Península. Allí se imprimieron muchos de los mejores libros publicados entonces, especialmente recopilaciones de romances y poesías. La universidad de Valencia, sufragada por el ayuntamiento, gozaba de cierto prestigio: aparte de las

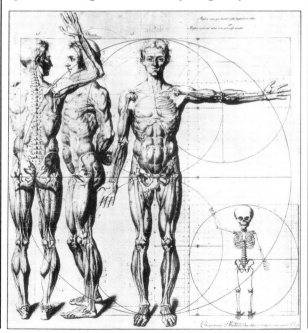

Sobre estas líneas, Germana de Foix (1488-1538), sobrina del rey de Francia Luis XII, se casó en 1505 con Fernando el Católico. En 1526 volvió a casarse con el duque de Calabria que Carlos V había nombrado virrey de Valencia. A la izquierda, detalle del *Atlas de Anatomía,* de Crisóstomo Martínez.

disciplinas clásicas (lenguas clásicas, teología, derecho) contaba con un importante departamento de estudios médicos y anatómicos.

Estos son los principales centros culturales de la España del siglo XVI hasta el año 1570. Cada uno de ellos tiene su propio ámbito; ninguno ocupa un lugar hegemónico. Con la excepción de Valencia, todos están localizados en la Corona de Castilla, lo cual se explica por los motivos ya aducidos: el mayor dinamismo y pujanza de Castilla en aquella época. El desarrollo de la imprenta a finales de la Edad Media confirma este mapa cultural: las primeras imprentas llegan a Sevilla en 1476, a Valladolid en 1481, a Toledo en 1483, a Medina del Campo en 1511. En cuanto a los libros impresos, Madrid se coloca a la cabeza con 769, pero esto se debe a su transformación en capital política de la monarquía en 1561; vienen después Sevilla (751), Toledo (419), Valladolid (396), y Medina del Campo (248). Faltan datos para otras ciudades pero no es probable que modifiquen el panorama expuesto.

La capitalidad política de Madrid, en 1561, introduce elementos nuevos en el mapa cultural de España,

La imprenta se introdujo en España a partir del 1472 y en América (México) a partir de 1535. A Madrid no llegó hasta 1566, como consecuencia de su capitalidad.

pero los cambios tardarán mucho tiempo en manifestarse concretamente. Los centros anteriores siguen gozando de prestigio, pero con algunas matizaciones interesantes. Valladolid y Toledo retroceden conforme se va desarrollando Madrid. Sevilla conserva su importancia: artistas, poetas y autores de teatro acuden a ella; conviene señalar de una manera especial el éxito de los autos sacramentales, estas piezas alegóricas que se representan con motivo de la fiesta del Corpus y que indirectamente contribuyen al desarrollo del teatro profano, al proporcionar a las compañías teatrales y a los autores contratos fijos y relativamente bien remunerados. Hacia finales de la centuria, Zaragoza se convierte a su vez en metrópoli intelectual. En 1583, el ayuntamiento decide crear ocho cátedras universitarias (dos de teología, dos de derecho canónico, dos de derecho civil y dos de medicina) que fueron la base de una universidad más completa, permitiendo así a los estudiantes aragoneses licenciarse en su patria en vez de tener que ir a Salamanca, Alcalá o Valencia.

Madrid y Zaragoza

Las primeras compañías de teatro se componían de muy pocos actores que representaban varios papeles e iban de pueblo en pueblo. Muchas veces los carros en los que viajaban les servían de escenario improvisado.

El Escorial

La construcción de El Escorial, por voluntad de Felipe II, empezó en 1563 y terminó en 1584. El rey residía con frecuencia allí de modo que El Escorial llegó a ser de hecho la capital del imperio, capital no sólo política, sino también religiosa, intelectual, cultural y artística.

El acontecimiento más importante, desde el punto de vista cultural, es la fundación de El Escorial, iniciativa personal de Felipe II que siguió muy de cerca todos los detalles de la construcción. El Rey Prudente, se interesaba mucho por la cultura; bajo la dirección de su preceptor, Martínez Silíceo, que había sido catedrático en Salamanca antes de ocupar la sede episcopal de Toledo, Felipe II había aprendido latín, matemáticas y arquitectura. Él eligió al primer arquitecto de El Escorial, Juan Bautista de Toledo, que se había formado en Italia. Toledo trazó los planos pero murió en 1567 antes de que fuera terminado el edificio. Juan de Herrera fue llamado para sustituirle: no introdujo ningún cambio en el plan, pero remodeló la concepción y le dio su forma definitiva. Ética y estética se mezclan íntimamente en aquella realización inspirada por la arquitectura grecorromana, en la que la simetría tiene un papel fundamental; en esta síntesis de la antigüedad pagana y la antigüedad cristiana se refleja el espíritu del humanismo: sencillez, austeridad en la ornamentación, sentido de

lo grandioso, refinamiento de los materiales utilizados: piedra, madera, bronce dorado...

El Escorial es mucho más que un panteón real. Ante todo es un monasterio de la orden de San Jerónimo, un lugar para la oración y la meditación; los primeros monjes venidos de Guadalupe llegan en 1571. Pero El Escorial es también un centro de investigación y de cultura; el monasterio dispone de un colegio, una biblioteca riquísima, un museo, y un gabinete científico. Sintetiza las grandes corrientes culturales de la España de Felipe II, culminando el desarrollo educativo del siglo XVI, después de las grandes realizaciones llevadas a cabo por el Estado o la Iglesia: escuelas de gramática (o sea escuelas elementales) en las ciudades, colegios de los jesuitas, universidades.

La literatura presenta tres orientaciones principales:
— Una inspiración en la que prevalecen los ideales caballerescos y que es predominantemente tradicional

---

El Escorial

Juan de Herrera, soldado, humanista y matemático, fue el segundo arquitecto de El Escorial después de la muerte de Juan Bautista de Toledo. En la imagen diseños décimo y noveno de Herrera.

La Literatura

con notables excepciones que apuntan hacia tendencias modernas: el primitivo teatro anterior a Lope de Vega (entremeses de Juan del Encina, obras del luso-castellano Gil Vicente, autos sacramentales...); novelas de caballerías, cuyo prototipo, el *Amadís de Gaula*, gozó de un éxito duradero; novelas de tema pastoril como la *Diana* de Montemayor; poesía tradicional de los romances viejos o de inspiración claramente moderna con Garcilaso de la Vega.

— Una serie de obras en las que vemos reflejada una sociedad urbanizada con las dificultades que plantea: la *Celestina* y sus continuaciones, el *Lazarillo de Tormes*, principalmente.

— Finalmente, una literatura de ideas en la que se encuentran ecos de las realidades y problemas de la época: crónicas de la conquista de América y de los grandes acontecimientos históricos, diálogos filosóficos y morales, tratados de espiritualidad (obras de Santa Teresa, San Juan de la Cruz, etc.).

Evidentemente, la literatura es mucho más que un simple reflejo de la sociedad. No puede, sin embargo,

Sobre estas líneas Santa Teresa de Jesús (1515-1582), reformadora de las carmelitas, fue además una de las representantes más típicas del misticismo español, junto con San Juan de la Cruz (1542-1591). A la derecha, grabado de los autos decimonoveno y vigésimo primero de *La Celestina*.

abstraerse totalmente del ambiente en que se mueven escritores y lectores. Así es como la literatura del siglo XVI ofrece un retrato de la época y de un mundo a la vez aristocrático y urbano, situado en el tránsito entre la Edad Media y la Moderna.

En la España del siglo XVI, la inmensa mayoría no sabía leer ni escribir, lo cual no significa forzosamente que fuera totalmente inculta; tenía su cultura peculiar, una cultura oral de la que han quedado algunas huellas: refranes, romances, coplas, cuentecillos…, así como fiestas populares y juegos. Algunas de aquellas muestras de la cultura popular, como los refranes y los romances, han sido recopiladas e incluso imitadas o recreadas por eruditos, poetas, autores de comedias; el teatro de Lope de Vega está lleno de reminiscencias de este tipo. Esta cultura popular, a pesar de lo poco que se sabe de ella, abre perspectivas interesantes sobre lo que pudo ser la concepción de la vida y el mundo de las masas anónimas de España: amor a la vida y al terruño, goce de los sentidos, truculencia a veces erótica cuando no obscena, ironía, sueños utópicos, obsesiones (el hambre…).

La leyenda
negra

La leyenda negra

El inmenso poderío de la España del siglo XVI y el prestigio de su cultura provocaron en Europa dos reacciones opuestas: una de admiración y otra de rechazo, que cuajó en lo que se ha llamado la *leyenda negra*, fruto, sobre todo, del odio de los protestantes que vieron en Felipe II su enemigo principal, y alimentada por el resentimiento de españoles que no estaban de acuerdo con la ideología y la política dominantes. La *leyenda negra* se forjó esencialmente en torno a 1580, en el ambiente de hostilidad creado por la guerra de Flandes. Lanza contra España y Felipe II dos acusaciones principales: fanatismo e intolerancia, simbolizadas por la Inquisición, y la *destrucción de las Indias*, la muerte de millones de indios en la conquista y colonización de América.

Para evitar la difusión de obras protestantes o consideradas como tales, la Inquisición española estableció unas listas de libros cuya lectura era prohibida. El más famoso de aquellos Índices se publicó en 1559 por orden del inquisidor general Fernando de Valdés. En él se prohibía leer e imprimir la Biblia en lengua vulgar, sin notas ni comentarios que aclarasen su sentido, así como muchos libros de espiritualidad.

Estas acusaciones suscitaron, en los siglos XVI y XVII, reacciones airadas por parte de los españoles; piénsese, por ejemplo, en la *España defendida* de Quevedo (1609) y en otros escritos que, frente a la hostilidad exterior, pretendieron simplificar la imagen de España al máximo: la verdadera España sería la católica e inquisitorial. La *leyenda negra* tardará mucho en desvanecerse. Hoy en día, la historiografía la ha reducido a sus justos términos: una polémica elaborada en una época de duros enfrentamientos políticos e ideológicos. Es evidente que la España del siglo XVI tuvo sus debilidades y que no todo en ella merece ser alabado. Pero tuvo también aspectos muy positivos que sería injusto ignorar y que constituyen una aportación de singular trascendencia a la civilización europea.

La leyenda negra

Cuando la prohibición era solamente parcial se tachaban las páginas sospechosas para que no se pudieran leer; pero cuando la prohibición era total hubo casos en los que se mandó recoger los libros señalados y quemarlos. En la imagen, *Quema de libros prohibidos por la Inquisición*, relieve en madera de Juan de Juni.

89

Datos para una historia

Año	Política, economía y sociedad	Religión	Arte y cultura
1500	Nace en Gante el futuro Carlos V.		
1503	Casa de Contratación de Sevilla.		
1504	Muere Isabel la Católica.		
1506	Muere Cristóbal Colón. Muere Felipe I el Hermoso.		El cardenal Cisneros funda la universidad de Alcalá de Henares.
1512	Incorporación de Navarra.		*Amadis de Gaula* (1508).
1515		Nace santa Teresa de Jesús.	
1516	Muere Fernando el Católico.		
1517	Carlos I en España	Lutero se rebela contra Roma.	
1519	Carlos I emperador: Carlos V. Hernán Cortés inicia la conquista de México.		
1520	Cortes de Santiago-La Coruña. Comunidades de Castilla. Germanías de Valencia.		
1521	Batalla de Villalar. Los franceses invaden Navarra.		
1522	Guerra entre Francia y España.		
1524	Creación de Consejo de Indias.		
1525	Batalla de Pavía. Francisco I prisionero en Madrid.		San Ignacio redacta los *Ejercicios espirituales* (1526).
1527	Saco de Roma.		
1529	Creación del virreinato de México.		
1532	Pizarro conquista Perú.		
1533	Pizarro conquista Cuzco.		
1534	Expedición a Túnez (1535).	Se constituye la Compañía de Jesús.	

Año	Política, economía y sociedad	Religión	Arte y cultura
1539			A. de Guevara: *Menosprecio de corte y alabanza de aldea*.
1545		Comienza el concilio de Trento (1545-1563).	
1546		Muere Lutero.	
1547	Batalla de Mühlberg.		Nace Cervantes.
1551			Fundación de las universidades de México y Lima.
1553	María Tudor, reina de Inglaterra.		
1554	Felipe II casa con María Tudor.		*Lazarillo de Tormes*.
1556	Abdicación de Carlos V.	Muere Ignacio de Loyola.	
1557	Batalla de San Quintín.		
1558	Carlos V muere en Yuste.		
1561	Oposición de los Países Bajos.		Nace Góngora.
1562			Nace Lope de Vega.
1563			Se inicia la construcción de El Escorial.
1567	El duque de Alba en Flandes.		
1568	Sublevación de los moriscos de Granada.		
1571	Victoria de Lepanto.		
1576	Saqueo de Amberes.		
1577			El Greco llega a Toledo.
1580	Incorporación de Portugal.		Nace Quevedo.
1581	Felipe II, rey de Portugal.		
1588	Fracaso de la Invencible Armada.		
1591	Alteraciones de Aragón.		
1595	Guerra entre España y Francia.		
1598	Paz de Vervins entre Francia y España. Muere Felipe II. Felipe III, rey.		Lope de Vega: la *Arcadia*. Nace Zurbarán. M. Alemán: *Guzmán de Alfarache* (1599).

Glosario

abadengo
Señorío o conjunto de bienes que posee una institución eclesiástica: obispado, monasterio, orden religiosa.

alcabala
De origen árabe, tuvo al principio un carácter local, Alfonso XI consiguió imponerla en las Cortes de Burgos como ingreso de la Corona para recaudar fondos para la guerra contra los benimerines, pronto se hizo permanente y no fue suprimido hasta 1845. Fue el impuesto más importante de Castilla. Gravaba las compras y ventas con algunas excepciones (el pan, las armas, los caballos); el clero no lo pagaba. En principio, la tasa era de un 10 por 100 sobre el valor de la transacción.

alcalde
Antiguamente, magistrado-juez. A partir del siglo XIX, presidente de Ayuntamiento de una ciudad o pueblo, pero sin atribuciones judiciales.

almirante
Antiguamente, funcionario real con autoridad y jurisdicción en la marina. A partir del siglo XV, se trata de un mero título honorífico vinculado a la familia de los Enríquez.

alumbrados
El iluminismo fue una de las formas de las inquietudes religiosas en la España del siglo XVI. Sus adeptos buscaban el contacto directo con Dios; pretendían ser alumbrados por el Espíritu Santo y hacían por eso poco caso de la doctrina y de los mandamientos de la Iglesia.

audiencias
Tribunales superiores establecidos en América con fines de justicia y de administración en las ciudades alejadas de las capitales de virreinatos.

Austria (don Juan de)
(1545-1578). Hijo natural de Carlos V. Mandó la armada que venció a los turcos en Lepanto (1571); en 1576 se le nombró gobernador de Flandes.

Barbarroja
Célebre pirata que, desde Argel, organizaba expediciones contra las costas españolas. Aliado de los turcos, fue para Carlos V un adversario temible hasta su muerte (1556).

Cisneros (fray Francisco Jiménez de)
(1436-1517). Confesor de la reina Isabel la Católica, cardenal, arzobispo de Toledo, gobernador del reino de Castilla en dos ocasiones (1506-1507 y 1516-1517).

Cobos (Francisco de los)
(?-1547). Consejero de Carlos V, del que era en cierta medida ministro de Hacienda.

corregidor
Representante del rey en las principales ciudades de Castilla con amplios poderes políticos y judiciales. Los corregidores eran nombrados por el Consejo de Castilla y también fueron establecidos en América, donde eran nombrados y controlados por los virreyes.

Chancillería
Tribunal superior de justicia que juzgaba en grado de apelación los procesos civiles y criminales. Existían dos Chancillerías o audiencias: una en Valladolid, que entendía las causas de la mitad norte de los reinos de Castilla, y otra en Granada para la zona situada al sur del Tajo.

diezmos
Impuestos sobre el producto de la agricultura y ganadería destinados al mantenimiento del clero; representaba aproximadamente la décima parte de las cosechas.

Drake (Francis)
(1539-1596). Corsario inglés que causó muchas pérdidas a la marina española tanto en América como en España.

Erasmo
(1466-1536). Humanista holandés que encabezó un movimiento de reforma religiosa sin llegar a la ruptura con la Iglesia católica. Hasta 1530 tuvo discípulos activos en España.

Felipe I el Hermoso
(1478-1536). Hijo del emperador Maximiliano y de María de Borgoña, casó con doña Juana la Loca, hija mayor y heredera de los Reyes Católicos. De 1504 a 1506 fue rey de Castilla. Padre del emperador Carlos V.

ferias
Durante la época moderna hay que establecer la distinción entre las ferias de cambio, en las que además de la venta de mercancías se realizaban operaciones financieras, y las simples ferias de mercancías. Las primeras son las más importantes. Tenían lugar en Medina del Campo, Medina de Ríoseco y Villalón. Las ferias de cambio atraían a importantes mercaderes europeos, pues en ellas se realizaban operaciones de crédito y el pago de letras de cambio que podían proceder de Amberes, Milán, Génova, Lisboa, Lyon, etc.

fieles
Funcionarios municipales responsables de determinados sectores: controlar los pesos —*fiel ejecutor*— y las medidas —*fiel medidor*—, etc.

Germana de Foix
(1488-1538). Sobrina del rey de Francia Luis XII, casó en 1505 con el rey don Fernando el Católico. En 1526, volvió a casarse con el duque de Calabria que Carlos V nombró virrey de Valencia.

Gómez de Silva (Ruy), príncipe de Éboli
(1516-1573). De origen portugués, había sido paje del futuro rey Felipe II y, al subir éste al trono, se convirtió en uno de sus más fieles consejeros.

Guillermo de Orange
(1533-1584). Llamado el Taciturno, jefe de los rebeldes flamencos.

Juana la Loca
(1479-1555). Hija mayor y heredera de los Reyes Católicos. Su estado mental le impidió reinar efectivamente, por lo cual se hicieron cargo del gobierno su marido Felipe I el Hermoso (1504-1506), luego su padre Fernando el Católico (1506-1516) y por fin su hijo el emperador Carlos V.

juros
Título de renta que emitía el Estado. Los reyes vendían estas rentas como sistema para adelantar la percepción de ingresos, liquidar deudas o conceder mercedes. Este sistema tuvo un gran desarrollo en el siglo XVI y XVII, hasta tal punto que la mayoría de los ingresos ordinarios estaban dedicados al pago del interés de los juros (el *situado*). Cada juro se basaba en un ingreso concreto, por ejemplo, sobre la renta de la seda de Granada o sobre la alcabala de un determinado producto. Tenían un interés variable y no desaparecieron hasta el siglo XIX.

Justicia de Aragón
Magistrado supremo del reino de Aragón; además de sus competencias judiciales tenía la obligación de velar por los fueros del reino.

Lutero (Martín)
(1483-1546). Monje agustino alemán que en 1517 rompió con Roma y la Iglesia católica, abriendo paso a los movimientos protestantes.

María Tudor
(1516-1558). Reina de Inglaterra de 1553 a 1558, casó en 1554 con el futuro rey de España Felipe II.

millones
Impuesto concedido por las Cortes a fines del siglo XVI que se cobraba sobre el vino, el vinagre, el aceite, la carne, el carbón, las velas de sebo...

pragmática
Ley promulgada por iniciativa real sin consultación de las Cortes.

realengo
Tierras o ciudades que pertenecían al dominio real por oposición a los señoríos laicos o eclesiásticos.

Requesens (Luis de)
(1528-1576). Gobernador de Flandes de 1573 a 1576.

señorío
Territorio sometido a la autoridad de un señor que cobraba derechos y rentas y ejercía poderes de justicia y administración normalmente reservados al Estado.

vasallo
habitante de un señorío, sometido pues a la autoridad de un señor.

Índice alfabético

Bibliografía

Beneyto Pérez, J., *Historia social de España y América*. Madrid, 1961.

Caro Baroja, J., *Los moriscos del reino de Granada*. Istmo, Madrid, 1976.

Chueca, F., *Arquitectura del siglo XVI*. Madrid, 1953.

Domínguez Ortiz, A., *Los judeoconversos en España y América*. Istmo, Madrid, 1971.

— *El Antiguo Régimen. Los Reyes Católicos y los Austrias*. Alianza ed., Madrid, 1988.

— y Vincent, B., *Historia de los moriscos*. Biblioteca Revista de Occidente, Madrid, 1978.

Elliott J. H., *La España imperial*. Ed. Vicens Vives, Barcelona, 1965.

— *El viejo mundo y el nuevo. 1492-1650*. Alianza ed., Madrid, 1970.

Fernández Álvarez, M., *España y los españoles en los tiempos modernos*. Ed. Universidad de Salamanca, 1979.

— *Política mundial de Carlos V y Felipe II*. Madrid, 1966.

— *La sociedad española del Renacimiento*. Salamanca, 1970.

García Cárcel, R., *Las Germanías de Valencia*. Barcelona, 1974.

— *La Inquisición*. Col. «Biblioteca Básica de Historia», Anaya, Madrid, 1990.

— y Mateo Bretos, L., *La leyenda Negra*. Col. «Biblioteca Básica de Historia», Anaya, Madrid, 1990.

Hanke, L., *La lucha española por la justicia en la conquista de América*. Aguilar, Madrid, 1967.

Jover, J. M., *Carlos V y los españoles*. Rialp, Madrid, 1963.

Kagan, R. L., *Universidad y sociedad en la España moderna*. Madrid, 1981.

Kamen, H., *La Inquisición española*. Madrid, 1973.

Maravall, J. A., *Las Comunidades de Castilla. Una primera revolución moderna*. Revista de Occidente, Madrid, 1963.

Morales Padrón, F., *Los conquistadores de América*. Colección «Austral», 1565. Espasa-Calpe, Madrid, 1974.

Tuñón de Lara, M. (director), *Historia de España*, vol. V: *La frustración de un imperio. 1476-1714*. Labor, Barcelona, 1982, y vol. VI: *América hispánica. 1492-1898*, por Céspedes del Castillo, G., Labor, Barcelona, 1983.

Vázquez de Prada, V., *Historia económica y social de España.-III: los siglos XVI y XVII*. Madrid, 1978.

Zavala, S., *La colonización española en América*. Colección «Sep/Setentas», México, 1972.